KEN DE LIEFDE

Een studie over 1, 2 en 3 Johannes

LOVEGODGREATLY.COM

BIJ LOVE GOD GREATLY VIND JE ECHTE, AUTHENTIEKE VROUWEN. VROUWEN DIE NIET PERFECT ZIJN, MAAR WEL VERGEVEN.

Vrouwen die het niet van zichzelf, maar alles van Jezus verwachten. Vrouwen die ernaar verlangen God te kennen door Zijn Woord, want wij weten dat de Waarheid ons verandert en vrijmaakt. Vrouwen die samen zijn, vervuld met Gods Woord en in nabijheid en ontmoeting met elkaar.

Welkom vriendin. We zijn zo blij dat je er bent...

INHOUDSOPGAVE

WELKOM

We zijn blij dat je besloten hebt om met ons mee te doen met deze Bijbelstudie! Allereerst willen we je laten weten dat er voor jou gebeden is! Het is geen toeval dat je meedoet met deze studie.

Ons gebed voor jou is eenvoudig: dat je dichter naar onze Heer toe zult groeien als jij je dagelijks in Zijn Woord verdiept! Terwijl je de discipline ontwikkelt om je elke dag in Gods Woord te verdiepen, is het ons gebed dat je Hem nog meer zult gaan liefhebben

Bid en vraag God elke dag om je te helpen de aangegeven Bijbeltekst(en) te begrijpen voordat je gaat lezen. Nodig Hem uit om tot je te spreken door Zijn Woord en luister. Het is aan Hem om tot je te spreken en het is aan jou om te luisteren en te gehoorzamen.

Neem de tijd om de verzen steeds opnieuw te lezen. In Spreuken wordt ons verteld dat je zult vinden als je zoekt. "Zoekt ernaar als was het zilver en speur ernaar als waren het verborgen schatten. Dan zul je begrijpen wat het betekent." (Spreuken 2:4-5)

Ieder van ons hier bij *Love God Greatly* kan niet wachten tot je begint en we hopen je te zien bij de eindstreep. Hou vol, volhard, zet door – en geef niet op! Breng tot een goed einde wat je vandaag begint. We zullen er bij elke stap zijn om je aan te moedigen! We gaan er samen voor. Vecht ervoor om tijd te maken, om de stress van de dag van je af te schuiven, om alleen te zijn en je te verdiepen in Gods Woord! Laten we ontdekken wat God in deze studie voor jou in petto heeft! Ga met ons mee op reis terwijl we samen leren om God met onze levens groots lief te hebben!

Volg samen met ons deze studie. Je kunt gebruik maken van de volgende materialen:

Wekelijkse blogberichten •

Wekelijkse Bijbelteksten •
om te leren

Wekelijkse uitdagingen •

Facebook, Twitter, Instagram •

LoveGodGreatly.com •

LoveGodGreatly.nl •

Hashtags: #LoveGodGreatly •

MATERIALEN

Doe met ons mee

ONLINE
lovegodgreatly.com

lovegodgreatly.nl

STORE
lovegodgreatly.com/store

FACEBOOK
facebook.com/LoveGodGreatly

facebook.com/LGGNL

INSTAGRAM
instagram.com/lovegodgreatlyofficial

TWITTER
@_LoveGodGreatly

DOWNLOAD DE APP

KOM IN CONTACT
info@lovegodgreatly.com

lovegodgreatlynederlands@gmail.com

CONNECT
#LoveGodGreatly

LOVE
GOD
GREATLY

Love God Greatly bestaat uit een prachtige gemeenschap van vrouwen. We gebruiken verschillende technologische platformen om elkaar aan te moedigen te groeien in Gods Woord. We beginnen met een eenvoudig Bijbelleesplan, maar daar stopt het niet.

Sommige groepen komen samen in huizen en lokale kerken, terwijl anderen online verbinding maken met vrouwen over de hele wereld. Op welke manier dan ook, samen staan we zij aan zij en verenigen we ons voor dit doel: God groots lief te hebben met onze levens.

Zou je daarom willen overwegen om deze studie met iemand samen te doen?

Vandaag de dag is onze wereld een en al technologie en het is heel eenvoudig om Gods Woord alleen te bestuderen, zonder dat je door anderen bemoedigd en aangemoedigd wordt. Maar dat is niet wat we hier bij *Love God Greatly* willen. God heeft ons geschapen om te leven in gemeenschap met Hem en met degenen om ons heen.

We hebben elkaar nodig en samen leven we ons leven beter. Zou je daarom willen overwegen om deze studie met iemand samen te doen?

Wees gerust, we zullen met je mee studeren – we leren samen, we moedigen elkaar aan, we genieten van fijn contact en we glimlachen van oor tot oor als we zien hoe God vrouwen verenigt – hoe Hij bewust harten en gedachten verbindt voor Zijn glorie.

Hier is je uitdaging: bel je moeder, je zus, je oma, je buurvrouw of die studievriendin aan de andere kant van het land. Verzamel een groep meiden van je kerk of je werk, of spreek af in dat hippe koffietentje met vriendinnen die je altijd al beter wilde leren kennen.

Zij aan zij, laten we dit doen... samen.

SOAP-
BIJBELSTUDIEMETHODE

HOE EN WAAROM

Hier bij *Love God Greatly* geloven we dat Gods Woord leven geeft. We geloven dat de woorden die we in de Bijbel lezen vol kracht zitten. We geloven dat deze woorden in elke cultuur en in elke tijd relevant zijn en effect hebben. We geloven dat we de context en cultuur van de oorspronkelijke teksten moeten begrijpen om de Bijbel goed te kunnen interpreteren.

Jouw interactie met Gods Woord en de toepassing van Zijn Woord in jouw leven zijn de belangrijkste onderdelen van de SOAP-methode.

We gebruiken SOAP als methode om de Bijbel te bestuderen. SOAP staat voor Scripture (Bijbelvers), Observation (observatie), Application (toepassing) en Prayer (gebed). Je kunt de Bijbel natuurlijk gewoon doorlezen, maar je zult zien dat de woorden tot leven komen als je met de teksten aan de slag gaat en bewust de tijd neemt om over de verzen na te denken. De SOAP-methode helpt je om bewuster te lezen wat er in Gods Woord staat, zodat je meer ontdekt dan wanneer je de tekst alleen zou doorlezen. Dat zorgt ervoor dat je niet alleen hoorder van het Woord bent, maar ook doener (Jak. 1:22).

In deze studiegids vind je voor elke dag van de studie een lezing en ook een paar verzen waar je dieper op ingaat met de SOAP-methode. We geloven dat je steeds meer van de Bijbel gaat begrijpen als je Gods Woord bestudeert. Daardoor kun je Gods Woord effectief toepassen in jouw leven.

Jouw interactie met Gods Woord en de toepassing van Zijn Woord in jouw leven zijn de belangrijkste onderdelen van de SOAP-methode. Bijbellezen is nooit tijdverspilling. Het is krachtig en heeft effect. Neem de tijd om God Woord te bestuderen, zodat je Hem echt leert kennen en ziet hoe groot Zijn liefde voor de wereld is. Probeer daarom de SOAP-methode toe te passen bij het lezen van de Bijbel.

SOAP-
BIJBELSTUDIEMETHODE *(VERVOLG)*

S STAAT VOOR
SCRIPTURE
(BIJBELVERS).

*Schrijf het vers in ieder
geval één keer op.*

*Neem de tijd om het
vers over te nemen uit de
tekst en richt je aandacht
op wat je schrijft.*

*Het vers vaker
opschrijven is helpend.*

MAANDAG

LEES:
1 Timotheüs 1:1-7

SOAP:
1 Timotheüs 1:5-7

Scripture

SCHRIJF HET
BIJBELGEDEELTE
VOOR VANDAAG OP.

Uw geloof en uw liefde steunen op de hoop die voor u is weggelegd in de hemel. Daarvan heeft u het eerst gehoord toen het evangelie, de boodschap van de waarheid, bij u verkondigd werd. In de hele wereld verbreidt het zich en begint het vrucht te dragen, net als bij u sinds u hoorde van Gods genade en die onvervalst leerde kennen. Zo hebt u het geleerd van onze dierbare medewerker Epafras, die zich als een trouw dienaar van Christus voor u inzet. Hij is het ook die ons heeft verteld van uw liefde, waarvan de geest de bron is. (Kol)

Observations

SCHRIJF 1 OF 2
OBSERVATIES
UIT HET
BIJBELGEDEELTE OP.

Wanneer je geloof en liefde samenvoegt, krijg je hoop. We moeten onthouden dat onze hoop in de hemel is.. het moet nog komen Het evangelie is de boodschap van Waarheid. Het evangelie brengt continu vrucht voort en groeit van de eerste tot de laatste dag. En is maar één persoon nodig om een hele gemeenschap te veranderen.. Epafras.

O STAAT VOOR
OBSERVATION
(OBSERVATIE).

*Neem de tijd om goed
naar de verzen te kijken.*

*Wat zie je aan de verzen
die je leest? Voor wie
waren deze verzen
oorspronkelijk geschreven?
Tegen wie spreekt de
schrijver? Welke culturele
factoren zijn relevant
hier? Zijn er woorden
of thema's die herhaald
worden? Zie je stijlfiguren
of beeldspraak in de tekst?*

A S T A A T   V O O R
A P P L I C A T I O N
(T O E P A S S I N G) .

Nadat je heel precies
gekeken hebt naar deze
tekst, bepaal je wat
de kernboodschap of
waarheid uit deze verzen
is.

Hoe kun je deze waarheid
toepassen in je leven?

Wat kun je vandaag doen
met deze waarheid?

Applications

SCHRIJF 1 OF 2
TOEPASSINGEN
UIT HET
BIJBELGEDEELTE OP.

God gebruikte één man, Epafras, om een hele stad te veranderen! Ik werd eraan herinnerd dat we simpelweg geroepen zijn om anderen over Christus te vertellen - het is Gods werk om het evangelie te verspreiden, om het te laten groeien en vrucht te laten dragen. Ik had het gevoel dat de vergen van vandaag bijna rechtstreeks tegen ons werden gesproken... "In de hele wereld verspreidt dit evangelie zich en begint het vrucht te dragen, net als bij u sinds u hoorde van Gods genade en die waarvalt leerde kennen" Het is zo leuk wanneer Gods Woord zo levend wordt en ons bemoedigt in onze huidige situatie! Mijn vurige verlangen is dat alle vrouwen die betrokken zijn bij deze Bijbelstudie Gods genade zullen begrijpen en dorstig zullen zijn naar Zijn Woord. Vermogen door dit citaat uit mijn Bijbelvertaling: "Gods Woord is niet slechts voor onze informatie, het is voor onze transformatie."

Pray

SCHRIJF EEN
GEBED OP OVER
WAT JE HEBT
GELEERD UIT HET
BIJBELGEDEELTE.

Lieve Heer, help me alstublieft om een "Epafras" te zijn - om anderen te vertellen over U en dan de uitwerking daarvan in Uw liefdevolle handen te leggen. Help me te begrijpen en toe te passen in mijn leven wat ik vandaag heb gelezen, waardoor ik iedere dag meer en meer als U wordt. Help me om een leven te leven dat vruchten van geloof en liefde voortbrengt... met mijn hoop verankerd in de hemel, niet hier op aarde. Help me te onthouden dat het BESTE nog moet komen!

P S T A A T   V O O R   **P R A Y E R   (G E B E D)** .

Gebruik deze tekst om tot God te bidden.

Als God je vandaag iets duidelijk heeft gemaakt, bid daar dan over.

Belijd zonde die God onder je aandacht heeft gebracht.

Bid de waarheid van het tekstgedeelte uit.

EEN
RECEPT
VOOR JOU
uit Zwitserland

ZWITSERSE KAASFONDUE

Ingrediënten

1/2 pond geraspte Emmentaler

1/2 pond geraspte Gruyère

2 eetlepels maïzena

1 teentje knoflook, gepeld

240 ml droge witte wijn

1 eetlepel citroensap

1 eetlepel kirsch

1/2 eetlepel mosterd

Een mespuntje nootmuskaat

Lekkers om in de kaasfondue te dopen

Bereidingswijze

- Doe de geraspte kaas in een kom en roer de maïzena erdoor. Wrijf de fonduepan in met een geplet knoflookteentje. Voeg de knoflook zelf niet toe aan de fondue.

- Zet de pan op matig vuur en breng de wijn en het citroensap langzaam aan de kook. Voeg de kaas beetje voor beetje toe. Laat zo alle kaas langzaam smelten tot en een mooie gladde kaasfondue hebt. Voeg dan kirsch, mosterd en nootmuskaat toe.

- Serveer hierbij allerlei dingen die je in deze kaasfondue kunt dippen. Je kunt denken aan stokbrood, roggebrood, appel of geblancheerde groente zoals broccoli, bloemkool, wortel of asperge. Prik iets aan je fonduevork of aan een satéprikker, haal het door de saus en geniet!

EEN GETUIGENIS
VAN LGG FRANS

ANITA, ZWITSERLAND

Leven vanuit Gods liefde is zo belangrijk! In mijn eigen leven heb ik dat mogen zien. Ik werk voor de Verenigde Naties en vaak verandert mijn werkplek. Steeds moet ik me dan aanpassen aan een nieuw team en keer op keer is dat een uitdaging.

We moeten ervoor kiezen om te denken, te spreken en te handelen vanuit compassie, vriendelijkheid en de genade van Christus.

Toen ik aan de slag ging bij personeelszaken, moest ik vaak om hulp vragen omdat ik nog niet zo ervaren was. Toen ik een keer advies vroeg aan een meer ervaren collega, werd ze kwaad op mij en ik was geschokt door haar reactie. Ik durfde haar niet opnieuw om hulp te vragen en wist niet meer goed hoe ik op haar moest reageren. Ik besloot me zo normaal mogelijk te gedragen tegenover haar en ik besloot ook om voor haar te bidden. Ik vroeg God om haar te zegenen.

Mijn laatste werkdag op die afdeling was aangebroken en ik besloot om een bos bloemen voor mijn leidinggevende te kopen. Ik kocht ook een bos voor de collega die me niet had willen helpen, omdat ik me daartoe aangespoord voelde door de Heilige Geest.

Het was een bewust besluit om niet haar gedrag, maar Gods liefde leidend te laten zijn bij de manier waarop ik met haar omging. Ik had niet voor mogelijk kunnen houden dat mijn vriendelijkheid haar zo zou raken, dat haar houding tegenover mij compleet veranderde. Toen ik haar later vertelde dat ik mijn ontslag zou gaan indienen bij mijn leidinggevende, bood ze me aan om met me mee te gaan om me te steunen. Ze toonde mij in deze kleine daad zoveel betrokkenheid! Ik zal nooit vergeten wat de kracht is van zo'n klein en liefdevol gebaar.

Leven vanuit liefde is een keuze die we allemaal moeten maken, ongeacht onze omstandigheden. Dit principe heeft mijn leven veranderd. Ik heb gezien dat deze levenshouding veel vrucht voortbrengt. We moeten ervoor kiezen om te denken, te spreken en te handelen vanuit compassie, vriendelijkheid en de genade van Christus. Dit gaf mij zoveel vrijheid, omdat we op deze manier nooit slachtoffer zijn van de reactie van andere mensen.

We kunnen – ongeacht het gedrag van anderen – de ander liefhebben en zegenen als we vertrouwen op God. Ik hoop dat we als gelovigen en als volgelingen van Christus allemaal in eenheid en liefde met elkaar mogen leven.

Zo kom je in contact met de Franstalige tak van LGG:

- aimerdieudetoutcoeur@gmail.com
- facebook.com/AimerDieudetoutcoeurLGG
- instagram.com/lovegodgreatlyfrench

Ken je iemand die onze Bijbelstudies in het Frans zou willen doen? Vertel haar over *Love God Greatly* Frans en over de Bijbelstudiematerialen die we aanbieden om haar toe te rusten met Gods Woord.

KEN DE LIEFDE

Een studie over 1, 2 en 3 Johannes

Laten we beginnen

INTRODUCTIE

KEN DE LIEFDE

"Heb elkaar lief."
Dertien keer staat het in zijn brieven. Dertien keer geeft de apostel Johannes zijn lezers de opdracht om elkaar lief te hebben. Hij legt uit waarom het zo belangrijk is om elkaar lief te hebben: het laat ons geloof in Jezus zien aan de wereld, het is een daad van gehoorzaamheid aan God en het brengt vreugde voor onszelf en voor anderen.

Deze drie brieven werden bijna tweeduizend jaar geleden geschreven door een man die met Jezus had geleefd, gesproken, gelachen en gehuild. Johannes' boodschap is ook voor ons belangrijk, omdat hij ons leert hoe we kunnen leven zoals Jezus leefde, hoe we lief kunnen hebben zoals Jezus liefhad en hoe onze vreugde in Hem compleet zal zijn.

Bijna alle Bijbelgeleerden gaan ervan uit dat de brieven 1, 2 en 3 Johannes zijn geschreven door de geliefde apostel Johannes, die ook het evangelie van Johannes en het boek Openbaringen schreef. Nadat Paulus en Petrus werden gemarteld, rond 67 na Christus, ging Johannes naar Efeze, waar hij deze brieven schreef. De meeste geleerden denken dat het evangelie van Johannes en deze drie brieven zijn geschreven na de verwoesting van Jeruzalem in 70 na Christus en voor Johannes' ballingschap op het eiland Patmos in 95 na Christus.

Deze drie korte brieven van Johannes zijn elk voor een eigen publiek en met een eigen intentie geschreven, maar in elk van deze brieven zie je hetzelfde thema terugkomen: heb elkaar lief. De eerste brief van Johannes laat zien dat Jezus Christus volledig God en volledig mens was en vertelt over de eenheid die gelovigen kunnen ervaren als ze hun liefde voor Christus met elkaar delen. De tweede brief van Johannes moedigt de lezers aan om trouw te zijn aan de waarheid over wie Christus is en wat Hij voor ons heeft gedaan. De derde brief van Johannes herinnert ons eraan dat we Christus altijd centraal moeten stellen in ons hart, onze gedachten en onze bediening.

Deze drie brieven moedigen ons aan om Gods geboden op te volgen en in Hem te blijven. Johannes benadrukt de diepe verbondenheid tussen liefde en gehoorzaamheid door ons te laten zien hoe onze liefde voor God niets is zonder Zijn liefde voor ons. We hebben lief omdat Hij ons eerst heeft liefgehad (1 Johannes 4:19). We willen God met hart en ziel liefhebben. Laten we bestuderen wat Johannes ons daarover leert en hoe hij ons bemoedigt.

SOAP LEESPLAN

WEEK 1

Maandag
Lees: 1 Johannes 1:1–4
SOAP: 1 Johannes 1:4

Dinsdag
Lees: 1 Johannes 1:5–2:2
SOAP: 1 Johannes 1:9

Woensdag
Lees: 1 Johannes 2:3–11
SOAP: 1 Johannes 2:3–6

Donderdag
Lees: 1 Johannes 2:12–17
SOAP: 1 Johannes 2:15–16

Vrijdag
Lees: 1 Johannes 2:18–27
SOAP: 1 Johannes 2:25

WEEK 2

Maandag
Lees: 1 Johannes 2:28–3:10
SOAP: 1 Johannes 2:28–29

Dinsdag
Lees: 1 Johannes 3:11–17
SOAP: 1 Johannes 3:16–17

Woensdag
Lees: 1 Johannes 3:18–24
SOAP: 1 Johannes 3:19–20

Donderdag
Lees: 1 Johannes 4:1–6
SOAP: 1 Johannes 4:4–5

Vrijdag
Lees: 1 Johannes 4:7–11
SOAP: 1 Johannes 4:10

WEEK 3

Maandag
Lees: 1 Johannes 4:12–19
SOAP: 1 Johannes 4:16

Dinsdag
Lees: 1 Johannes 4:20–5:4
SOAP: 1 Johannes 5:3

Woensdag
Lees: 1 Johannes 5:5–12
SOAP: 1 Johannes 5:11–12

Donderdag
Lees: 1 Johannes 5:13–21
SOAP: 1 Johannes 5:14–15

Vrijdag
Lees: 2 Johannes 1:1–4
SOAP: 2 Johannes 1:4

WEEK 4

Maandag
Lees: 2 Johannes 1:5–8
SOAP: 2 Johannes 1:6

Dinsdag
Lees: 2 Johannes 1:9–13
SOAP: 2 Johannes 1:12

Woensdag
Lees: 3 Johannes 1:1–4
SOAP: 3 Johannes 1:4

Donderdag
Lees: 3 Johannes 1:5–8
SOAP: 3 Johannes 1:8

Vrijdag
Lees: 3 Johannes 1:9–15
SOAP: 3 Johannes 1:11

JOUW
DOELEN

We geloven dat het belangrijk
is om doelen uit te schrijven
voor iedere Bijbelstudie.
Neem even de tijd en schrijf
drie doelen op waarop jij
je tijdens deze studie wilt
focussen, terwijl we ons
dagelijks verdiepen in Gods
Woord. Vergeet je doelen
niet en lees ze nog eens terug
in de komende weken om te
zorgen dat je gefocust blijft.
JE KUNT HET!!!

1.

2.

3.

Handtekening:

Datum:

WEEK 1

In wie zich aan Gods woord houdt, is zijn liefde ten volle werkelijkheid geworden; hierdoor weten we dat we in hem zijn.

1 JOHANNES 2:5

GEBED

Gebedsfocus voor deze week:
Neem de tijd om te bidden voor je familieleden.

MAANDAG

DINSDAG

WOENSDAG

DONDERDAG

VRIJDAG

UITDAGING

Probeer deze week je zonden te bekennen zodra je zondigt. Vraag God om jouw zonden te laten zien en belijd die zonden steeds direct aan Hem en aan anderen. Let erop hoe deze manier van omgaan met zonden jouw houding en jouw daden beïnvloedt. Let er ook op hoe dit jouw kijk op Gods genade en je geloof in die genade beïnvloedt.

MAANDAG

Bijbelgedeelte voor week 1

1 Johannes 1:1–4

1 Wat er was vanaf het begin, wat wij gehoord hebben, wat wij gezien hebben met onze ogen, wat wij aanschouwd hebben en onze handen getast hebben van het Woord des levens 2 – want het leven is geopenbaard en wij hebben het gezien, en wij getuigen en verkondigen u het eeuwige leven, dat bij de Vader was en aan ons is geopenbaard – 3 wat wij gezien en gehoord hebben, verkondigen wij u, opdat ook u gemeenschap met ons hebt; en deze gemeenschap van ons is er ook met de Vader en met Zijn Zoon Jezus Christus. 4 En deze dingen schrijven wij u, opdat uw blijdschap volkomen wordt.

MAANDAG

LEES:
1 Johannes 1:1−4

SOAP:
1 Johannes 1:4

Scripture

SCHRIJF HET
BIJBELGEDEELTE
VOOR VANDAAG OP.

Observations

SCHRIJF 1 OF 2
OBSERVATIES UIT HET
BIJBELGEDEELTE OP.

Applications

SCHRIJF 1 OF 2
TOEPASSINGEN UIT HET
BIJBELGEDEELTE OP.

Pray

SCHRIJF EEN GEBED
OP OVER WAT JE
HEBT GELEERD UIT
HET BIJBELGEDEELTE.

MAANDAG
Overdenking voor week 1

SOAP: 1 Johannes 1:4

EN DEZE DINGEN SCHRIJVEN WIJ U, OPDAT UW BLIJDSCHAP VOLKOMEN WORDT.

Overdenking

Toen Jezus naar de aarde kwam, was Hij niet een soort geest, maar Hij was God in menselijk vlees. De mensen konden zien wat Hij deed, ze konden Hem horen spreken en ze konden Hem met hun handen aanraken. Dat laat zien dat Hij echt begreep hoe het was om mens te zijn. Hij beleefde het leven met al zijn vreugde en verdriet. Hij wist hoe het was om niet begrepen te worden, om zich eenzaam en troosteloos te voelen. Dat alles, en ook de dood, maakte Hij vrijwillig mee ter wille van allen die tot geloof zouden komen.

Johannes maakte duidelijk dat alleen door Jezus onze redding mogelijk is. Die gedachte mag ons blij maken. Als al het andere in ons leven misgaat, kunnen we onze hoop en blijdschap vinden in de wetenschap dat Jezus is gekomen om zondaren te redden en dat Zijn redding onaantastbaar is.

Gebed

Heer, ik prijs U omdat U heel die weg bent gegaan om mij te redden. Ik bid U dat U mijn grootste schat mag zijn en dat het mij de grootste blijdschap zal geven als ik denk aan alles wat U voor mij hebt gedaan. Amen.

DINSDAG

Bijbelgedeelte voor week 1

1 Johannes 1:5–2:2

5 En dit is de boodschap die wij van Hem gehoord hebben en aan u verkondigen, dat God licht is en dat in Hem in het geheel geen duisternis is. 6 Als wij zeggen dat wij gemeenschap met Hem hebben en wij toch in de duisternis wandelen, liegen wij en doen de waarheid niet. 7 Maar als wij in het licht wandelen, zoals Hij in het licht is, hebben wij gemeenschap met elkaar, en het bloed van Jezus Christus, Zijn Zoon, reinigt ons van alle zonde. 8 Als wij zeggen dat wij geen zonde hebben, misleiden wij onszelf en is de waarheid niet in ons. 9 Als wij onze zonden belijden: Hij is getrouw en rechtvaardig om ons de zonden te vergeven en ons te reinigen van alle ongerechtigheid. 10 Als wij zeggen dat wij niet gezondigd hebben, maken wij Hem tot leugenaar en is Zijn woord niet in ons. 1 Mijn lieve kinderen, ik schrijf u deze dingen, opdat u niet zondigt. En als iemand gezondigd heeft: wij hebben een Voorspraak bij de Vader, Jezus Christus, de Rechtvaardige. 2 En Hij is een verzoening voor onze zonden; en niet alleen voor de onze, maar ook voor de zonden van de hele wereld.

DINSDAG

LEES:
1 Johannes 1:5–2:2

SOAP:
1 Johannes 1:9

Scripture

SCHRIJF HET
BIJBELGEDEELTE
VOOR VANDAAG OP.

Observations

SCHRIJF 1 OF 2
OBSERVATIES UIT HET
BIJBELGEDEELTE OP.

Applications

SCHRIJF 1 OF 2
TOEPASSINGEN UIT HET
BIJBELGEDEELTE OP.

Pray

SCHRIJF EEN GEBED
OP OVER WAT JE
HEBT GELEERD UIT
HET BIJBELGEDEELTE.

DINSDAG
Overdenking voor week 1

SOAP: 1 Johannes 1:9

ALS WIJ ONZE ZONDEN BELIJDEN: HIJ IS GETROUW EN
RECHTVAARDIG OM ONS DE ZONDEN TE VERGEVEN EN ONS TE
REINIGEN VAN ALLE ONGERECHTIGHEID.

Overdenking

Door belijdenis erkennen we dat we gezondigd hebben, dat we niet volmaakt of
volkomen zuiver zijn, en dat we hulp nodig hebben. Er gaat geen dag, zelfs geen
uur voorbij waarin wij niet zondigen. Onze drijfveren zijn niet altijd zuiver, onze
gedachten zijn niet altijd vriendelijk, ons oordeel is niet altijd rechtvaardig, onze
stem en onze woorden klinken niet altijd aangenaam, en onze daden zijn niet
altijd zoals God het graag ziet. We hebben reiniging nodig, we moeten op het
rechte pad teruggezet worden, en we hebben redding nodig.

We mogen dankbaar zijn dat we een God hebben die genadig en geduldig is,
en vooral: vergevend. Als wij met onze zonden bij Hem komen, zal Hij ons
vergeving schenken. Hij zal die last van ons afnemen en in de diepste zee
werpen. En Hij zal ons dan ook hulp bieden. Hij geeft ons Zijn woord waardoor
we kunnen weten hoe we horen te leven. Hij geeft ons kracht, waardoor we
de zonde kunnen weerstaan. Hij geeft ons wijsheid waardoor wij kunnen
onderscheiden wat goed is en wat niet. Hij geeft ons de Heilige Geest, Die ons
onderwijst, corrigeert, voor ons bemiddelt en ons troost.

Gebed

Heer, help mij om bij U te komen, en eerlijk al mijn zonden en moeilijkheden
voor U neer te leggen, want ik weet dat U heeft beloofd om mij te vergeven en te
helpen. Amen

WOENSDAG

Bijbelgedeelte voor week 1

1 Johannes 2:3-11

3 En hierdoor weten wij dat wij Hem kennen, namelijk als wij Zijn geboden in acht nemen. 4 Wie zegt: Ik ken Hem, en Zijn geboden niet in acht neemt, is een leugenaar en in hem is de waarheid niet. 5 Maar ieder die Zijn woord in acht neemt, in hem is werkelijk de liefde van God volmaakt geworden. Hierdoor weten wij dat wij in Hem zijn. 6 Wie zegt in Hem te blijven, moet ook zelf zo wandelen als Hij gewandeld heeft. 7 Broeders, ik schrijf u geen nieuw gebod, maar een oud gebod, dat u vanaf het begin hebt gehad; dit oude gebod is het woord dat u vanaf het begin hebt gehoord. 8 Toch schrijf ik u een nieuw gebod, dat waar is in Hem en in u, want de duisternis gaat voorbij en het ware licht schijnt reeds. 9 Wie zegt dat hij in het licht is en zijn broeder haat, die is tot nog toe in de duisternis. 10 Wie zijn broeder liefheeft, blijft in het licht, en er is in hem niets dat anderen doet struikelen. 11 Maar wie zijn broeder haat, is in de duisternis en wandelt in de duisternis, en weet niet waar hij heen gaat, omdat de duisternis zijn ogen verblind heeft.

WOENSDAG

LEES:
1 Johannes 2:3–11

SOAP:
1 Johannes 2:3–6

Scripture

SCHRIJF HET
BIJBELGEDEELTE
VOOR VANDAAG OP.

Observations

SCHRIJF 1 OF 2
OBSERVATIES UIT HET
BIJBELGEDEELTE OP.

Applications

SCHRIJF 1 OF 2
TOEPASSINGEN UIT HET
BIJBELGEDEELTE OP.

Pray

SCHRIJF EEN GEBED
OP OVER WAT JE
HEBT GELEERD UIT
HET BIJBELGEDEELTE.

WOENSDAG

Overdenking voor week 1

SOAP: *1 Johannes 2:3–6*

EN HIERDOOR WETEN WIJ DAT WIJ HEM KENNEN, NAMELIJK ALS
WIJ ZIJN GEBODEN IN ACHT NEMEN. WIE ZEGT: IK KEN HEM, EN
ZIJN GEBODEN NIET IN ACHT NEEMT, IS EEN LEUGENAAR EN
IN HEM IS DE WAARHEID NIET. MAAR IEDER DIE ZIJN WOORD
IN ACHT NEEMT, IN HEM IS WERKELIJK DE LIEFDE VAN GOD
VOLMAAKT GEWORDEN. HIERDOOR WETEN WIJ DAT WIJ IN
HEM ZIJN. WIE ZEGT IN HEM TE BLIJVEN, MOET OOK ZELF ZO
WANDELEN ALS HIJ GEWANDELD HEEFT.

Overdenking

Veel mensen zeggen dat zij christen zijn en de Heer liefhebben, maar dat
moet blijken uit hoe wij Zijn geboden opvolgen. God heeft ons specifieke
regels gegeven waardoor wij zo kunnen leven dat ons leven zoveel mogelijk
tot eer van God is. Zijn geboden zijn niet willekeurig of betwistbaar, ze zijn
ook niet bedoeld om ons plezier weg te nemen of ons het leven zuur te maken.
Integendeel, Gods geboden tonen Zijn liefde voor ons, want ze helpen ons om zo
te leven als Hij het voor ons bedoeld heeft.

Het leven van de wereld wordt gekenmerkt door dwaasheid, egoïsme en opstand
tegen God. En tenslotte leidt zo'n leven tot ellende, verdriet, gebrokenheid en
onvrede. Maar het leven volgens Gods woord wordt gekenmerkt door vrede,
blijdschap, vervulling, en het getuigt aan anderen dat wij de Heer werkelijk
liefhebben.

Gebed

Heer, U bent een goede God en U hebt mij goede regels gegeven om na te
volgen. Help mij dat ik Uw geboden liefheb en geef mij het vertrouwen om te
geloven dat al Uw wegen voor mijn bestwil zijn. Amen.

DONDERDAG
Bijbelgedeelte voor week 1

1 Johannes 2:12–17

12 Ik schrijf u, lieve kinderen, want de zonden zijn u vergeven omwille van Zijn Naam. 13 Ik schrijf u, vaders, omdat u Hem kent Die er vanaf het begin is. Ik schrijf u, jonge mannen, omdat u de boze hebt overwonnen. Ik schrijf u, kinderen, omdat u de Vader kent. 14 Ik heb u geschreven, vaders, omdat u Hem kent Die er vanaf het begin is. Ik heb u geschreven, jonge mannen, omdat u sterk bent en het Woord van God in u blijft en u de boze hebt overwonnen. 15 Heb de wereld niet lief en ook niet wat in de wereld is. Als iemand de wereld liefheeft, is de liefde van de Vader niet in hem. 16 Want al wat in de wereld is: de begeerte van het vlees, de begeerte van de ogen en de hoogmoed van het leven, is niet uit de Vader, maar is uit de wereld. 17 En de wereld gaat voorbij met haar begeerte; maar wie de wil van God doet, blijft tot in eeuwigheid.

DONDERDAG

LEES:
1 Johannes 2:12–17

SOAP:
1 Johannes 2:15–16

Scripture

SCHRIJF HET
BIJBELGEDEELTE
VOOR VANDAAG OP.

Observations

SCHRIJF 1 OF 2
OBSERVATIES UIT HET
BIJBELGEDEELTE OP.

Applications

SCHRIJF 1 OF 2
TOEPASSINGEN UIT HET
BIJBELGEDEELTE OP.

Pray

SCHRIJF EEN GEBED
OP OVER WAT JE
HEBT GELEERD UIT
HET BIJBELGEDEELTE.

DONDERDAG

Overdenking voor week 1

SOAP: 1 Johannes 2:15–16

HEB DE WERELD NIET LIEF EN OOK NIET WAT IN DE WERELD IS.
ALS IEMAND DE WERELD LIEFHEEFT, IS DE LIEFDE VAN DE VADER
NIET IN HEM. WANT AL WAT IN DE WERELD IS: DE BEGEERTE VAN
HET VLEES, DE BEGEERTE VAN DE OGEN EN DE HOOGMOED VAN
HET LEVEN, IS NIET UIT DE VADER, MAAR IS UIT DE WERELD.

Overdenking

Charles Spurgeon heeft gezegd: "Je kunt je hart niet twee kanten tegelijk op
sturen." De wereldse wijsheid en de opvattingen van de wereld staan lijnrecht
tegenover die van God; ze zijn onverenigbaar. Wij moeten beslissen wie we
zullen volgen. Wordt het de Heer, wiens koninkrijk voor eeuwig is, of wordt het
de wereld, die eenmaal ten onder zal gaan.

We leven hier en nu, in deze wereld. We worden geroepen om afstand te nemen
en in wijsheid om te gaan met wat de wereld te bieden heeft. Niet alles in de
wereld is slecht. Jakobus zegt dat iedere goede gave van God komt, en dus
mogen we van veel goede dingen genieten (Jakobus 1:17). Maar we moeten niets
liefhebben boven God. We moeten ons stevig vasthouden aan onze God en alles
wat van Hem is, terwijl we alles wat we in deze wereld hebben, gemakkelijk
moeten kunnen loslaten.

Gebed

Heer, het valt niet mee om in de wereld te zijn en niet beïnvloed te worden door
wat er in de wereld omgaat. Geef mij de wijsheid om te weten wat goed is en wat
niet, en geef mij een liefde voor U die alles te boven gaat. Amen.

VRIJDAG
Bijbelgedeelte voor week 1

1 Johannes 2:18–27

18 Kinderen, het is het laatste uur; en zoals u gehoord hebt dat de antichrist eraan komt, zijn er ook nu al veel antichristen gekomen, waaruit wij weten dat het het laatste uur is. 19 Zij zijn uit ons midden weggegaan, maar zij waren niet uit ons; want als zij uit ons geweest waren, dan zouden zij bij ons gebleven zijn. Maar het moest openbaar worden dat zij niet allen uit ons zijn. 20 Maar u hebt de zalving van de Heilige en u weet alles. 21 Ik heb u niet geschreven omdat u de waarheid niet kent, maar omdat u die kent, en omdat er geen leugen uit de waarheid is. 22 Wie is de leugenaar anders dan hij die loochent dat Jezus de Christus is? Dat is de antichrist, die de Vader en de Zoon loochent. 23 Ieder die de Zoon loochent, heeft ook de Vader niet. 24 Laat wat u vanaf het begin gehoord hebt, in u blijven. Als in u blijft wat u vanaf het begin gehoord hebt, dan zult ook u in de Zoon en in de Vader blijven. 25 En dit is de belofte die Hij ons heeft beloofd: het eeuwige leven. 26 Deze dingen heb ik u geschreven met betrekking tot hen die u misleiden. 27 En wat u betreft, de zalving die u van Hem hebt ontvangen, blijft in u, en u hebt het niet nodig dat iemand u onderwijst; maar zoals deze zalving u onderwijst met betrekking tot alle dingen – en die zalving is waar en is geen leugen – en zoals ze u heeft onderwezen, zo moet u in Hem blijven.

VRIJDAG

LEES:
1 Johannes 2:18–27

SOAP:
1 Johannes 2:25

Scripture

SCHRIJF HET
BIJBELGEDEELTE
VOOR VANDAAG OP.

Observations

SCHRIJF 1 OF 2
OBSERVATIES UIT HET
BIJBELGEDEELTE OP.

Applications

SCHRIJF 1 OF 2
TOEPASSINGEN UIT HET
BIJBELGEDEELTE OP.

Pray

SCHRIJF EEN GEBED
OP OVER WAT JE
HEBT GELEERD UIT
HET BIJBELGEDEELTE.

VRIJDAG
Overdenking voor week 1

SOAP: *1 Johannes 2:25*

EN DIT IS DE BELOFTE DIE HIJ ONS
HEEFT BELOOFD: HET EEUWIGE LEVEN.

Overdenking

Het is onmogelijk dat God een belofte zou breken, want Hij is de waarheid
en de goedheid Zelf. Elke belofte die Hij doet, moet en zal Hij houden. De
allergrootste belofte is dat wie in Hem gelooft, eeuwig leven heeft. Om deze
belofte na te komen was het nodig dat Hij werd zoals wij, en stierf aan het kruis.
Dit is de Blijde Boodschap van het evangelie, dat Jezus kwam om zondaars te
redden.

Hij houdt die belofte.

Voor ons is dat een reden om de Heer te prijzen en elke dag blij te zijn. Hoe
moeilijk het leven ook is, we kunnen troost vinden in het feit dat de Heer ons
hoort als wij tot Hem roepen. Onze redding is zeker, omdat God nooit op Zijn
belofte terugkomt.

Gebed

Heer, ik dank U voor het geschenk van de verlossing. Ik dank U, omdat U trouw
bent aan Uw beloften. Help mij om diep dankbaar te zijn voor de redding die ik
heb in U. Amen.

REFLECTIEVRAGEN

1. Wat betekent 'in het licht wandelen'? Wat betekent het om in duisternis te wandelen?

2. Waarom is het voor volgelingen van Jezus zo belangrijk om in het licht te wandelen?

3. Waarom is het belangrijk om je zonden te belijden? Wat gebeurt er in je hart en in je leven als je je zonden belijdt?

4. Waarom is het van groot belang voor ons dat Jezus onze pleitbezorger is als we zondigen? Wat verandert er aan onze relatie met God door ons geloof in Jezus?

5. Waarom zegt Johannes dat we de wereld niet lief moeten hebben? Hoe kun je jezelf beschermen tegen het liefhebben van de wereld?

NOTITIES

NOTITIES

WEEK 2

---

*Het wezenlijke van de liefde is niet
dat wij God hebben liefgehad, maar
dat hij ons heeft liefgehad en zijn
Zoon heeft gezonden om verzoening
te brengen voor onze zonden.*

1 JOHANNES 4:10

GEBED

Gebedsfocus voor deze week:
Neem de tijd om te bidden voor je land.

MAANDAG

DINSDAG

WOENSDAG

DONDERDAG

VRIJDAG

UITDAGING

Neem deze week wat extra tijd om de tekst uit 1 Johannes 3:19-20 uit te werken. Neem tijd voor de observatie en interpretatie van die tekst. Hoe veroordeelt ons geweten ons? Wat leer je hierover in Romeinen 8:1-4? Veranderen deze principes wat jij gelooft over genade?

MAANDAG
Bijbelgedeelte voor week 2

1 Johannes 2:28–3:10

28 En nu, lieve kinderen, blijf in Hem, opdat wij vrijmoedigheid hebben, wanneer Hij geopenbaard zal worden, en niet door Hem beschaamd gemaakt worden bij Zijn komst. 29 Als u weet dat Hij rechtvaardig is, dan weet u dat ieder die de rechtvaardigheid doet, uit Hem geboren is.

1 Zie, hoe groot is de liefde die de Vader ons gegeven heeft: dat wij kinderen van God worden genoemd. Daarom kent de wereld ons niet, omdat zij Hem niet kent. 2 Geliefden, nu zijn wij kinderen van God, en het is nog niet geopenbaard wat wij zullen zijn. Maar wij weten dat, als Hij geopenbaard zal worden, wij Hem gelijk zullen zijn; want wij zullen Hem zien zoals Hij is. 3 En ieder die deze hoop op Hem heeft, reinigt zich, zoals Hij rein is.

4 Ieder die de zonde doet, doet ook de wetteloosheid; want de zonde is de wetteloosheid. 5 En u weet dat Hij geopenbaard is om onze zonden weg te nemen; en zonde is er in Hem niet. 6 Ieder die in Hem blijft, zondigt niet; ieder die zondigt, heeft Hem niet gezien en heeft Hem niet gekend. 7 Lieve kinderen, laat niemand u misleiden. Wie de rechtvaardigheid doet, is rechtvaardig, zoals Hij rechtvaardig is. 8 Wie de zonde doet, is uit de duivel; want de duivel zondigt vanaf het begin. Hiertoe is de Zoon van God geopenbaard, dat Hij de werken van de duivel verbreken zou. 9 Ieder die uit God geboren is, doet de zonde niet, want Zijn zaad blijft in hem; en hij kan niet zondigen, omdat hij uit God geboren is. 10 Hieraan zijn de kinderen van God en de kinderen van de duivel te herkennen. Ieder die de rechtvaardigheid niet doet, is niet uit God, evenmin als hij die zijn broeder niet liefheeft.

MAANDAG

LEES:
1 Johannes 2:28–3:10

SOAP:
1 Johannes 2:28–29

Scripture

SCHRIJF HET
BIJBELGEDEELTE
VOOR VANDAAG OP.

Observations

SCHRIJF 1 OF 2
OBSERVATIES UIT HET
BIJBELGEDEELTE OP.

Applications

SCHRIJF 1 OF 2
TOEPASSINGEN UIT HET
BIJBELGEDEELTE OP.

Pray

SCHRIJF EEN GEBED
OP OVER WAT JE
HEBT GELEERD UIT
HET BIJBELGEDEELTE.

MAANDAG
Overdenking voor week 2

SOAP: *1 Johannes 2:28–29*

EN NU, LIEVE KINDEREN, BLIJF IN HEM, OPDAT WIJ
VRIJMOEDIGHEID HEBBEN, WANNEER HIJ GEOPENBAARD ZAL
WORDEN, EN NIET DOOR HEM BESCHAAMD GEMAAKT WORDEN BIJ
ZIJN KOMST. ALS U WEET DAT HIJ RECHTVAARDIG IS, DAN WEET U
DAT IEDER DIE DE RECHTVAARDIGHEID DOET, UIT HEM GEBOREN
IS.

Overdenking

Als wij iets belangrijk vinden komt dat in onze gesprekken vaak naar voren.
Het blijkt dat het thema "blijven" iets is wat voor Johannes bijzonder belangrijk
was. Hij schreef daar heel uitgebreid over in Johannes 15, en ook weer hier in 1
Johannes 2.

Blijven heeft hier de betekenis van ergens verblijven of wonen. Geestelijk
gesproken moeten wij in Jezus blijven of wonen. We moeten zo nauw aan Hem
verbonden zijn dat ons hart en onze gedachten boven alles op Hem gericht zijn.
Het betekent dat wij Zijn Woord, Zijn wegen en Zijn daden liefhebben. Als wij
willen nagaan of wij daarin "wonen" kunnen we onszelf afvragen: "Ben ik de
blijde boodschap beu?" Als we echt "blijven" zullen we nooit genoeg krijgen van
Jezus en van wat Hij voor ons heeft gedaan.

Degenen die zo "blijven", kunnen vol vertrouwen zijn als Hij terugkomt, want
zij weten dat zij de juiste prioriteiten hebben gesteld, dat hun geloof sterk was
en dat hun hoop standvastig is gebleven terwijl zij nauw aan Jezus verbonden
waren.

Gebed

Heer, ik belijd dat het zo gemakkelijk is om meegesleept te worden door
de dingen van de wereld, door een drukbezet leven of door moeilijke
omstandigheden. Help mij om mijn ogen op U gericht te houden. Help mij om
U lief te hebben met heel mijn hart, mijn ziel en mijn verstand, zodat Uw Woord
bij mij de eerste plaats inneemt. Geef dat bidden tot U vreugde en troost in mijn
leven brengt en help mij te beseffen hoe belangrijk het is om in U te blijven.
Amen.

DINSDAG
Bijbelgedeelte voor week 2

1 Johannes 3:11−17

11 Want dit is de boodschap die u vanaf het begin gehoord hebt, dat wij elkaar moeten liefhebben; 12 niet zoals Kaïn: hij was uit de boze en sloeg zijn broer dood. En waarom sloeg hij hem dood? Omdat zijn werken slecht waren en die van zijn broer rechtvaardig. 13 Verwonder u niet, mijn broeders, als de wereld u haat. 14 Wij weten dat wij zijn overgegaan uit de dood in het leven, omdat wij de broeders liefhebben; wie zijn broeder niet liefheeft, blijft in de dood. 15 Ieder die zijn broeder haat, is een moordenaar; en u weet dat geen moordenaar het eeuwige leven blijvend in zich heeft. 16 Hieraan leerden wij de liefde kennen, dat Hij voor ons Zijn leven heeft gegeven. Ook wij moeten voor de broeders het leven geven. 17 Wie dan de goederen van de wereld heeft, en zijn broeder gebrek ziet lijden, maar zijn hart voor hem toesluit, hoe kan de liefde van God in hem blijven?

DINSDAG

LEES:
1 Johannes 3:11–17

SOAP:
1 Johannes 3:16–17

Scripture

SCHRIJF HET
BIJBELGEDEELTE
VOOR VANDAAG OP.

Observations

SCHRIJF 1 OF 2
OBSERVATIES UIT HET
BIJBELGEDEELTE OP.

Applications

SCHRIJF 1 OF 2
TOEPASSINGEN UIT HET
BIJBELGEDEELTE OP.

Pray

SCHRIJF EEN GEBED
OP OVER WAT JE
HEBT GELEERD UIT
HET BIJBELGEDEELTE.

DINSDAG

Overdenking voor week 2

SOAP: *1 Johannes 3:16–17*

HIERAAN LEERDEN WIJ DE LIEFDE KENNEN, DAT HIJ VOOR
ONS ZIJN LEVEN HEEFT GEGEVEN. OOK WIJ MOETEN VOOR DE
BROEDERS HET LEVEN GEVEN. WIE DAN DE GOEDEREN VAN DE
WERELD HEEFT, EN ZIJN BROEDER GEBREK ZIET LIJDEN, MAAR
ZIJN HART VOOR HEM TOESLUIT, HOE KAN DE LIEFDE VAN GOD IN
HEM BLIJVEN?

Overdenking

Het is makkelijk om uit te spreken: "Ik hou van je". Maar om die woorden in
daden om te zetten is heel wat moeilijker omdat het meer van ons vraagt. Het
betekent dat wij ons leven voor elkaar inzetten. Hoogstwaarschijnlijk zullen we
geen kogel op hoeven te vangen of voor de trein hoeven te springen om iemand
te redden. Wat we wel zullen moeten doen is dat we onze zelfzucht aan de kant
schuiven en de belangen en behoeften van anderen de voorrang geven boven
onze eigen belangen en behoeften. We worden geroepen om die liefde te tonen
voor ons gezin, voor de gemeente, ja, ook voor de kerk wereldwijd.

Die roeping mag ons wat kosten. Bijvoorbeeld dat wij anderen vergeven, de
waarheid spreken, elkaars lasten dragen, voor elkaar bidden en afzien van ons
eigen belang. Het betekent dat wij moeten leven vanuit al die "elkander" teksten.
Dit is een hoge roeping; wij kunnen dat niet uit onszelf. Wij hebben Gods
kracht in ons nodig om anderen niet alleen met onze woorden lief te hebben.

Gebed

Heer, de opdracht om anderen meer dan mijzelf lief te hebben vind ik moeilijk.
Ik ben zelfzuchtig en hoogmoedig van nature en ik heb Uw hulp nodig om echte
liefde te betonen aan degenen die U in mijn leven hebt geplaatst. Help mij om
mijn gezin lief te hebben door wat ik doe. Help mij om in de manier waarop ik
spreek mijn vrienden lief te hebben. Help mij om mijn collega's lief te hebben
door dingen die ik moeilijk of vervelend vind, toch graag voor hen te doen.
Dank U wel, dat ik, door Uw kracht, een getuige voor U kan zijn door hoe ik
met anderen omga. Amen.

WOENSDAG
Bijbelgedeelte voor week 2

1 Johannes 3:18–24
18 Mijn lieve kinderen, laten wij niet liefhebben met het woord of met de tong, maar met de daad en in waarheid. 19 En hieraan weten wij dat wij uit de waarheid zijn, en zo zullen wij ons hart voor Hem geruststellen. 20 Want als ons hart ons veroordeelt, God is meer dan ons hart, en Hij weet alle dingen. 21 Geliefden! Als ons hart ons niet veroordeelt, hebben wij vrijmoedigheid om tot God te gaan; 22 en wat wij ook maar bidden, ontvangen wij van Hem, omdat wij Zijn geboden in acht nemen en doen wat Hem welgevallig is. 23 En dit is Zijn gebod: dat wij geloven in de Naam van Zijn Zoon, Jezus Christus, en dat wij elkaar liefhebben, zoals Hij ons een gebod gegeven heeft. 24 En wie Zijn geboden in acht neemt, blijft in Hem en Hij in hem. En hieraan weten wij dat Hij in ons blijft, namelijk aan de Geest, Die Hij ons gegeven heeft.

WOENSDAG

LEES:
1 Johannes 3:18–24

SOAP:
1 Johannes 3:19–20

Scripture

SCHRIJF HET
BIJBELGEDEELTE
VOOR VANDAAG OP.

Observations

SCHRIJF 1 OF 2
OBSERVATIES UIT HET
BIJBELGEDEELTE OP.

Applications

SCHRIJF 1 OF 2
TOEPASSINGEN UIT HET
BIJBELGEDEELTE OP.

Pray

SCHRIJF EEN GEBED
OP OVER WAT JE
HEBT GELEERD UIT
HET BIJBELGEDEELTE.

WOENSDAG

Overdenking voor week 2

SOAP: *1 Johannes 3:19–20*

EN HIERAAN WETEN WIJ DAT WIJ UIT DE WAARHEID ZIJN, EN ZO
ZULLEN WIJ ONS HART VOOR HEM GERUSTSTELLEN. WANT ALS
ONS HART ONS VEROORDEELT, GOD IS MEER DAN ONS HART, EN HIJ
WEET ALLE DINGEN.

Overdenking

Twijfel jij wel eens aan je geloof, als je kijkt naar wat je denkt, naar je verlangens
en je gedrag? (Maak je geen zorgen, dit is normaal). Wij zijn zondige mensen die
graag willen leven volgens de hoge normen van God, en we falen. Hier spreekt
Johannes onze twijfel aan. Als wij kijken naar onze tekortkomingen in relaties
of in onze wandel met God, dan zouden we verteerd kunnen worden door
schuldgevoel.

1 Johannes brengt ons troost door ons voor te houden dat God ons hart beter
kent dan dat wij het zelf kennen. Hij weet hoe het zit, Hij ziet hoe wij ons best
doen en Hij kan de verlangens van ons hart lezen. Hij weet dat wij echt het
goede willen doen, ook als wij falen.

Als we twijfelen, moeten we onszelf afvragen: geloof ik het echt? Wil ik in Jezus
blijven? Wil ik echt anderen liefhebben en mijn liefde niet alleen in woorden,
maar ook in daden tonen?

Gebed

Heer, het gebeurt zo gemakkelijk dat ik naar mijn zonden en tekortkomingen
kijk en dan ga twijfelen aan de echtheid van mijn geloof. Geef mij de
bemoediging die ik nodig heb om die twijfels het zwijgen op te leggen en door te
gaan met de goede strijd van het geloof. Amen.

DONDERDAG
Bijbelgedeelte voor week 2

1 Johannes 4:1–6

1 Geliefden, geloof niet elke geest, maar beproef de geesten of zij uit God zijn; want er zijn veel valse profeten in de wereld uitgegaan. 2 Hieraan leert u de Geest van God kennen: elke geest die belijdt dat Jezus Christus in het vlees gekomen is, is uit God; 3 en elke geest die niet belijdt dat Jezus Christus in het vlees gekomen is, is niet uit God; maar dat is de geest van de antichrist, waarvan u gehoord hebt dat hij komt, en die nu al in de wereld is. 4 Lieve kinderen, u bent uit God en u hebt hen overwonnen, want Hij Die in u is, is groter dan hij die in de wereld is. 5 Zij zijn uit de wereld; daarom spreken zij uit de wereld, en de wereld luistert naar hen. 6 Wij zijn uit God. Wie God kent, luistert naar ons; wie niet uit God is, luistert niet naar ons. Hieraan herkennen wij de geest van de waarheid en de geest van de dwaling.

DONDERDAG

LEES:
1 Johannes 4:1–6

SOAP:
1 Johannes 4:4–5

Scripture

SCHRIJF HET
BIJBELGEDEELTE
VOOR VANDAAG OP.

Observations

SCHRIJF 1 OF 2
OBSERVATIES UIT HET
BIJBELGEDEELTE OP.

Applications

SCHRIJF 1 OF 2
TOEPASSINGEN UIT HET
BIJBELGEDEELTE OP.

Pray

SCHRIJF EEN GEBED
OP OVER WAT JE
HEBT GELEERD UIT
HET BIJBELGEDEELTE.

DONDERDAG

Overdenking voor week 2

SOAP: *1 Johannes 4:4–5*

LIEVE KINDEREN, U BENT UIT GOD EN U HEBT HEN OVERWONNEN, WANT HIJ DIE IN U IS, IS GROTER DAN HIJ DIE IN DE WERELD IS. ZIJ ZIJN UIT DE WERELD; DAAROM SPREKEN ZIJ UIT DE WERELD, EN DE WERELD LUISTERT NAAR HEN.

Overdenking

Er is veel bedrog in de wereld. Het zou dwaas zijn om alles te geloven wat we horen. We moeten erop letten dat we alles aan de Schrift toetsen om ervoor te zorgen dat hetgeen we geloven de waarheid is. Dat geldt voor de boeken die we lezen, de preken die we horen en de filosofieën die de wereld eropna houdt. Dat alles moet getoetst worden aan Gods Woord om ervoor te zorgen dat wij leven tot eer van God.

Wij zijn van onszelf niet sterk en wijs genoeg om de waarheid te onderscheiden. Maar laten we dankbaar zijn dat het ook niet van ons wordt verwacht dat wij dat uit onszelf kunnen. God is in ons en Hij geeft ons de overwinning. Satan is doortrapt en listig, maar God is de waarheid. De wereld mag slim zijn en ons uit alle macht proberen te verleiden, maar God is machtiger. Hij alleen is rechtvaardig en hij verklaart al degenen rechtvaardig die op Hem hun vertrouwen stellen.

Gebed

Heer, de wereld verheerlijkt de zonde en probeert mij over te halen om haar leugens na te volgen. Vul mij met Uw wijsheid zodat ik kan onderscheiden wat goed en wat kwaad is, en geef mij de kracht om op te komen voor Uw waarheid. Amen.

VRIJDAG
Bijbelgedeelte voor week 2

1 Johannes 4:7–11

7 Geliefden, laten wij elkaar liefhebben, want de liefde is uit God; en ieder die liefheeft, is uit God geboren en kent God. 8 Wie niet liefheeft, kent God niet, want God is liefde. 9 Hierin is de liefde van God aan ons geopenbaard, dat God Zijn eniggeboren Zoon in de wereld gezonden heeft, opdat wij zouden leven door Hem. 10 Hierin is de liefde, niet dat wij God lief hebben gekregen, maar dat Hij ons liefhad en Zijn Zoon zond als verzoening voor onze zonden. 11 Geliefden, als God ons zo liefhad, moeten ook wij elkaar liefhebben.

VRIJDAG

LEES:
1 Johannes 4:7–11

SOAP:
1 Johannes 4:10

Scripture

SCHRIJF HET
BIJBELGEDEELTE
VOOR VANDAAG OP.

Observations

SCHRIJF 1 OF 2
OBSERVATIES UIT HET
BIJBELGEDEELTE OP.

Applications

SCHRIJF 1 OF 2
TOEPASSINGEN UIT HET
BIJBELGEDEELTE OP.

Pray

SCHRIJF EEN GEBED
OP OVER WAT JE
HEBT GELEERD UIT
HET BIJBELGEDEELTE.

VRIJDAG
Overdenking voor week 2

SOAP: 1 Johannes 4:10

HIERIN IS DE LIEFDE, NIET DAT WIJ GOD LIEF HEBBEN
GEKREGEN, MAAR DAT HIJ ONS LIEFHAD EN ZIJN ZOON ZOND ALS
VERZOENING VOOR ONZE ZONDEN.

Overdenking

Als je de allergrootste blijk van liefde wil zien, kijk dan naar het kruis. God de Vader gaf wat Hem het liefste was, Zijn Zoon, om Zijn volk te redden. Maar het volk waarvoor Gods Zoon kwam, hield niet van Hem. In feite verwierpen zij Hem, zij waren onrechtvaardig, onvolmaakt, opstandig en koppig. Zien we daarin ook niet onszelf?

Ook al zijn wij zondaars, toch heeft God Zijn Zoon voor ons gezonden. En nog steeds verzetten we ons tegen God, negeren Zijn Woord, gaan onze eigen weg, en zijn zo hoogmoedig om te denken dat wij het beter weten. En toch houdt Hij van ons. Zijn trouw is onwankelbaar, hoe vaak wij ook tekortschieten tegenover Hem. Gods liefde gaat alle menselijke liefde voor altijd te boven.

Gebed

Heer, ik dank U dat Uw liefde voor mij zover gaat dat U Uw Zoon hebt gezonden om voor mij te sterven. Help mij om de geweldige grootheid van die liefde te zien en U daarvoor de dank en aanbidding te brengen. Amen

REFLECTIEVRAGEN

1. Wat betekent het om 'in Hem te blijven'? Wat betekent dit voor je dagelijks leven?

2. Waarom is het belangrijk dat we gul zijn voor andere gelovigen? Hoe kun je gul omgaan met de middelen die God je heeft gegeven, zodat je het lichaam van Christus zegent?

3. Hoe kunnen we de leer van anderen toetsen om te beoordelen of dit de leer van God is? Waarom is dit een belangrijk gebruik?

4. Hoe liet God Zijn liefde voor ons zien? Hoe blijft Hij die liefde voortdurend aan ons tonen?

5. Hoe kunnen wij Gods liefde aan de wereld laten zien?

NOTITIES

NOTITIES

WEEK 3

Wij hebben Gods liefde, die in ons
is, leren kennen en vertrouwen daarop.
God is liefde. Wie in de liefde blijft,
blijft in God, en God blijft in hem.

1 JOHANNES 4:16

GEBED

Gebedsfocus voor deze week:
Neem de tijd om te bidden voor je vrienden.

MAANDAG

DINSDAG

WOENSDAG

DONDERDAG

VRIJDAG

UITDAGING

Aan wie kun je deze week vertellen over het getuigenis van Jezus (1 Johannes 5:11-12)?
Vraag God om je deze week een mogelijkheid te bieden om met deze persoon te praten over
jouw geloof en vraag Hem om de moed om dit te doen.

MAANDAG
Bijbelgedeelte voor week 3

1 Johannes 4:12–19

12 Niemand heeft ooit God gezien. Als wij elkaar liefhebben, blijft God in ons en is Zijn liefde in ons volmaakt geworden. 13 Hieraan weten wij dat wij in Hem blijven en Hij in ons, doordat Hij ons van Zijn Geest gegeven heeft. 14 En wij hebben gezien en getuigen dat de Vader de Zoon gezonden heeft als Zaligmaker van de wereld. 15 Al wie belijdt dat Jezus de Zoon van God is, God blijft in hem, en hij in God. 16 En wij hebben de liefde die God tot ons heeft, gekend en geloofd. God is liefde en wie in de liefde blijft, blijft in God, en God in hem. 17 Hierin is de liefde bij ons volmaakt geworden, dat wij vrijmoedigheid mogen hebben op de dag van het oordeel. Want zoals Hij is, zijn ook wij in deze wereld. 18 Er is in de liefde geen vrees, maar de volmaakte liefde drijft de vrees uit. De vrees houdt immers straf in, en wie vreest, is niet volmaakt in de liefde. 19 Wij hebben Hem lief, omdat Hij ons eerst liefhad.

MAANDAG

LEES:
1 Johannes 4:12–19

SOAP:
1 Johannes 4:16

Scripture

SCHRIJF HET
BIJBELGEDEELTE
VOOR VANDAAG OP.

Observations

SCHRIJF 1 OF 2
OBSERVATIES UIT HET
BIJBELGEDEELTE OP.

Applications

SCHRIJF 1 OF 2
TOEPASSINGEN UIT HET
BIJBELGEDEELTE OP.

Pray

SCHRIJF EEN GEBED
OP OVER WAT JE
HEBT GELEERD UIT
HET BIJBELGEDEELTE.

MAANDAG

Overdenking voor week 3

SOAP: *1 Johannes 4:16*

EN WIJ HEBBEN DE LIEFDE DIE GOD TOT ONS HEEFT, GEKEND EN
GELOOFD. GOD IS LIEFDE EN WIE IN DE LIEFDE BLIJFT, BLIJFT IN
GOD, EN GOD IN HEM.

Overdenking

God is liefde. Het is niet iets wat Hij heeft geleerd of een eigenschap die Hij af
en toe een keer laat zien. Liefde is wie Hij is. Dat God ons eerst liefhad is de
reden dat wij geloof hébben en in staat zijn God lief te hebben. Geloof en liefde
zijn vruchten van God die Hij, als we gered zijn, voor ons heeft klaarliggen.
Daarom kunnen we onze vijanden liefhebben en bidden voor hen die ons
verkeerd behandelen. Het is een beeld van hoe God van ons hield toen we
zondaars waren. Het laat zien dat we gelijkvormig worden aan het beeld van
God.

Als God liefde is, moet Hij rechtvaardig omgaan met zonde. Hij kan
wangedrag niet negeren, dat zou niet liefdevol of juist zijn. Dit is een van de
verbazingwekkende dingen over Jezus, dat Hij naar de aarde komt om de straf
die op ons lag, op Zich te nemen. Door Zijn Zoon op te offeren, toonde God
tegelijkertijd Zijn liefde en Zijn gerechtigheid.

Gebed

Heer, uw liefde is geweldig en onbegrijpelijk. Help mij om te herkennen hoeveel
U van mij houdt, en help mij om van U te houden met mijn hele hart, gedachten
en ziel. Amen.

DINSDAG
Bijbelgedeelte voor week 3

1 Johannes 4:20–5:4

20 Als iemand zou zeggen: Ik heb God lief, en hij zou zijn broeder haten, dan is hij een leugenaar. Want wie zijn broeder, die hij ziet, niet liefheeft, hoe kan hij God liefhebben, Die hij niet gezien heeft? 21 En dit gebod hebben wij van Hem, dat wie God liefheeft, ook zijn broeder moet liefhebben.

1 Ieder die gelooft dat Jezus de Christus is, is uit God geboren; en ieder die Hem liefheeft Die geboren deed worden, heeft ook lief wie uit Hem geboren is. 2 Hieraan weten wij dat wij de kinderen van God liefhebben, wanneer wij God liefhebben en Zijn geboden bewaren. 3 Want dit is de liefde tot God, dat wij Zijn geboden in acht nemen; en Zijn geboden zijn geen zware last. 4 Want al wat uit God geboren is, overwint de wereld; en dit is de overwinning die de wereld overwonnen heeft: ons geloof.

DINSDAG

LEES:
1 Johannes 4:20–5:4

SOAP:
1 Johannes 5:3

Scripture

SCHRIJF HET
BIJBELGEDEELTE
VOOR VANDAAG OP.

Observations

SCHRIJF 1 OF 2
OBSERVATIES UIT HET
BIJBELGEDEELTE OP.

Applications

SCHRIJF 1 OF 2
TOEPASSINGEN UIT HET
BIJBELGEDEELTE OP.

Pray

SCHRIJF EEN GEBED
OP OVER WAT JE
HEBT GELEERD UIT
HET BIJBELGEDEELTE.

DINSDAG
Overdenking voor week 3

SOAP: 1 Johannes 5:3

WANT DIT IS DE LIEFDE TOT GOD, DAT WIJ ZIJN GEBODEN IN ACHT
NEMEN; EN ZIJN GEBODEN ZIJN GEEN ZWARE LAST.

Overdenking

Hoe kunnen we weten of we van God houden? Soms kunnen we het antwoord
te ingewikkeld maken, maar de gemakkelijkste manier om erachter te komen is
door de vraag te beantwoorden: "Bewaar ik Zijn geboden"?

Zonde staat in de weg en probeert ons van de wijs te brengen en te ontmoedigen.
Satan probeert ons voor te liegen en vertelt ons dat we mislukkingen zijn. De
wereld probeert ons wegen te laten gaan die er aantrekkelijk uitzien, maar die
gevaarlijk en verkeerd zijn.

Deze verzen in 1 Johannes herinneren ons eraan dat Gods wegen niet zwaar
zijn. We hebben de kracht van God in ons, en het vermogen om de zonde te
overwinnen en een rechtvaardig leven te leiden. We zijn in staat om te zien
wat verkeerd is en wat goed is, en in staat de leugens van Satan tot zwijgen te
brengen door Gods waarheden te geloven. Op de dagen dat we zwak of broos
zijn, kunnen we troost vinden in de waarheid dat God ons heeft vergeven. Elke
dag is een nieuw begin in onze zoektocht om God lief te hebben.

Gebed

Heer, Uw geboden zijn goed. Dank U dat U mij niet alleen laat maar mij alles
geeft wat ik nodig heb om een goddelijk leven te leiden en U te verheerlijken.
Help mij om te denken aan alle hulp die U me geeft, en niet te vergeten om U
aan te roepen als ik in nood zit. Amen.

WOENSDAG
Bijbelgedeelte voor week 3

1 Johannes 5:5-12

5 Wie anders is het die de wereld overwint dan hij die gelooft dat Jezus de Zoon van God is? 6 Hij is het Die kwam door water en bloed: Jezus, de Christus; niet door het water alleen, maar door het water en het bloed. En de Geest is het Die getuigt, omdat de Geest de waarheid is. 7 Want drie zijn er die getuigen in de hemel: de Vader, het Woord en de Heilige Geest; en deze drie zijn één. 8 En drie zijn er die getuigen op de aarde: de Geest, het water en het bloed; en deze drie zijn één. 9 Als wij het getuigenis van de mensen aannemen, het getuigenis van God is groter; want dit is het getuigenis van God dat Hij van Zijn Zoon getuigd heeft. 10 Wie gelooft in de Zoon van God, heeft het getuigenis in zichzelf; wie God niet gelooft, heeft Hem tot leugenaar gemaakt, omdat hij niet geloofd heeft het getuigenis dat God van Zijn Zoon getuigd heeft. 11 En dit is het getuigenis, namelijk dat God ons het eeuwige leven gegeven heeft; en dit leven is in Zijn Zoon. 12 Wie de Zoon heeft, heeft het leven; wie de Zoon van God niet heeft, heeft het leven niet.

WOENSDAG

LEES:
1 Johannes 5:5–12

SOAP:
1 Johannes 5:11–12

Scripture

SCHRIJF HET
BIJBELGEDEELTE
VOOR VANDAAG OP.

Observations

SCHRIJF 1 OF 2
OBSERVATIES UIT HET
BIJBELGEDEELTE OP.

Applications

SCHRIJF 1 OF 2
TOEPASSINGEN UIT HET
BIJBELGEDEELTE OP.

Pray

SCHRIJF EEN GEBED
OP OVER WAT JE
HEBT GELEERD UIT
HET BIJBELGEDEELTE.

WOENSDAG

Overdenking voor week 3

SOAP: *1 Johannes 5:11–12*

EN DIT IS HET GETUIGENIS, NAMELIJK DAT GOD ONS HET
EEUWIGE LEVEN GEGEVEN HEEFT; EN DIT LEVEN IS IN ZIJN ZOON.
WIE DE ZOON HEEFT, HEEFT HET LEVEN; WIE DE ZOON VAN GOD
NIET HEEFT, HEEFT HET LEVEN NIET.

Overdenking

In 1 Johannes 5:11-12 vinden we een heel duidelijke verklaring over hoe het
eeuwige leven wordt gevonden. Johannes windt er geen doekjes om, maar stelt
dat het leven wordt gevonden in de Zoon van God en wie in de Zoon gelooft,
ontvangt dit leven. Er is geen andere weg naar het eeuwige leven. Degenen die
dit getuigenis afwijzen, noemen God een leugenaar (1Jh 5:10). De boodschap
van redding was zo belangrijk voor Johannes dat Hij er klip en klaar over was in
zijn brief. Hij wilde niet dat zijn lezers in de war zouden raken: geloof in Jezus
en je zult gered worden, je zult het leven vinden. Het is geen klein beetje leven,
maar het leven met volle teugen. We kunnen ons niet eens voorstellen hoe dat
eruit zal zien.

Gelukkig mogen we hier op aarde al beginnen om de volheid van dat leven te
ervaren. Jezus verandert ons naar Zijn beeld. Hij geeft ons vrede in moeilijke
situaties. Hij geeft ons liefde voor mensen waar we uit onszelf niet makkelijk van
houden. Hij maakt het ons mogelijk om te vergeven en Zijn werk in ons leven te
laten zien.

Gebed

Heer, ik dank U dat mijn redding niet afhangt van hoe goed ik ben, maar van
hoe goed U bent. Dank U voor het sturen van Uw Zoon om voor mij te sterven,
en dank U dat U mij de gave van geloof hebt gegeven zodat ik het leven kan
hebben. Amen.

DONDERDAG
Bijbelgedeelte voor week 3

1 Johannes 5:13–21
13 Deze dingen heb ik geschreven aan u die gelooft in de Naam van de Zoon van God, opdat u weet dat u het eeuwige leven hebt en opdat u gelooft in de Naam van de Zoon van God. 14 En dit is de vrijmoedigheid die wij hebben in het toegaan tot God, dat Hij ons verhoort, telkens als wij iets bidden naar Zijn wil. 15 En als wij weten dat Hij ons verhoort, wat wij ook bidden, dan weten wij dat wij het gevraagde, dat wij van Hem hebben gebeden, ontvangen. 16 Als iemand zijn broeder ziet zondigen, een zonde niet tot de dood, dan moet hij tot God bidden, en Hij zal hem het leven geven, namelijk aan hen die niet zondigen tot de dood. Er is een zonde tot de dood; daarvoor zeg ik niet dat hij moet bidden. 17 Elke ongerechtigheid is zonde; en er is zonde die niet tot de dood leidt. 18 Wij weten dat ieder die uit God geboren is, niet zondigt; maar wie uit God geboren is, bewaart zichzelf en de boze heeft geen vat op hem. 19 Wij weten dat wij uit God zijn en dat de hele wereld in het boze ligt. 20 Maar wij weten dat de Zoon van God gekomen is en ons het verstand heeft gegeven om de Waarachtige te mogen kennen; en wij zijn in de Waarachtige, namelijk in Zijn Zoon, Jezus Christus. Die is de waarachtige God en het eeuwige leven. 21 Lieve kinderen, wees op uw hoede voor de afgoden. Amen.

DONDERDAG

LEES:
1 Johannes 5:13–21

SOAP:
1 Johannes 5:14–15

Scripture

SCHRIJF HET
BIJBELGEDEELTE
VOOR VANDAAG OP.

Observations

SCHRIJF 1 OF 2
OBSERVATIES UIT HET
BIJBELGEDEELTE OP.

Applications

SCHRIJF 1 OF 2
TOEPASSINGEN UIT HET
BIJBELGEDEELTE OP.

Pray

SCHRIJF EEN GEBED
OP OVER WAT JE
HEBT GELEERD UIT
HET BIJBELGEDEELTE.

DONDERDAG
Overdenking voor week 3

SOAP: *1 Johannes 5:14–15*

EN DIT IS DE VRIJMOEDIGHEID DIE WIJ HEBBEN IN HET TOEGAAN
TOT GOD, DAT HIJ ONS VERHOORT, TELKENS ALS WIJ IETS BIDDEN
NAAR ZIJN WIL. EN ALS WIJ WETEN DAT HIJ ONS VERHOORT, WAT
WIJ OOK BIDDEN, DAN WETEN WIJ DAT WIJ HET GEVRAAGDE, DAT
WIJ VAN HEM HEBBEN GEBEDEN, ONTVANGEN.

Overdenking

Johannes wilde zijn lezers bemoedigen met de wetenschap dat ze zeker konden
zijn van hun eeuwige behoud. Het enige wat nodig is, is dat we ons vertrouwen
op Jezus stellen. Als we dat doen, zijn we gered (v. 13).

De overtuiging dat we gered zijn zou ons ook vrijmoedigheid moeten geven in
ons gebedsleven. God hoort de gebeden van Zijn kinderen. Hij wil dat we tot
Hem komen en met Hem praten. Hij wil dat we ons hart uitstorten, ons van
onze zonden bekeren en Hem vragen wat we nodig hebben. Dit betekent niet dat
al onze verzoeken worden ingewilligd op de manier waarop wij dat graag willen.
God weet wat het beste voor ons is, hoewel het misschien niet altijd lijkt alsof
Hij bezig is voor ons bestwil.

Het is ons geloof dat ons in staat stelt Gods wil voor ons te accepteren. Ons
geloof geeft ons de hoop en het vertrouwen dat we de bedoelingen van God in
ons leven kunnen vertrouwen, zelfs als we niet begrijpen wat God doet.

Gebed

Heer, dank U dat ik tot U kan komen in gebed, zonder oordeel of veroordeling.
Dank U dat U het heerlijk vindt om mij mijn hart voor U te horen uitstorten.
Versterk alstublieft mijn geloof zodat ik kan aanvaarden hoe U mijn gebeden
beantwoordt en zodat ik U kan prijzen te midden van antwoorden die ik niet
begrijp. Amen.

VRIJDAG
Bijbelgedeelte voor week 3

2 Johannes 1:1-4
1 De ouderling aan de uitverkoren vrouw en aan haar kinderen, die ik in waarheid liefheb – en niet alleen ik, maar ook allen die de waarheid hebben leren kennen – 2 omwille van de waarheid, die in ons blijft en met ons zal zijn tot in eeuwigheid: 3 genade, barmhartigheid, vrede zal met u zijn, van God de Vader en van de Heere Jezus Christus, de Zoon van de Vader, in waarheid en liefde. 4 Ik heb mij er zeer over verblijd dat ik er onder uw kinderen gevonden heb die in de waarheid wandelen, in overeenstemming met het gebod dat wij van de Vader ontvangen hebben.

VRIJDAG

LEES:
2 Johannes 1:1–4

SOAP:
2 Johannes 1:4

Scripture

SCHRIJF HET
BIJBELGEDEELTE
VOOR VANDAAG OP.

Observations

SCHRIJF 1 OF 2
OBSERVATIES UIT HET
BIJBELGEDEELTE OP.

Applications

SCHRIJF 1 OF 2
TOEPASSINGEN UIT HET
BIJBELGEDEELTE OP.

Pray

SCHRIJF EEN GEBED
OP OVER WAT JE
HEBT GELEERD UIT
HET BIJBELGEDEELTE.

VRIJDAG
Overdenking voor week 3

SOAP: *2 Johannes 1:4*

IK HEB MIJ ZEER VERBLIJD DAT IK ER ONDER UW KINDEREN
GEVONDEN HEB DIE IN DE WAARHEID WANDELEN, IN
OVEREENSTEMMING MET HET GEBOD DAT WIJ VAN DE VADER
ONTVANGEN HEBBEN.

Overdenking

De tweede brief van Johannes is geschreven aan 'de uitverkoren vrouw en haar
kinderen' (vs. 1). Veel geleerden geloven dat deze uitverkoren vrouw de kerk en
haar leden vertegenwoordigt. Het deed Johannes veel vreugde te horen dat de
leden van deze kerk in de waarheid wandelden.

In Jezus is ons leven méér dan wat we over Hem geloven; het is hoe we leven.
Geloof en werken gaan hand in hand (Jakobus 2:14–26). Zonder werken is
ons geloof niet meer dan loos gepraat. Jakobus heeft het hier ook over in zijn
brief, toen hij zijn lezers aanspoorde daders van het woord te zijn en niet alleen
hoorders.

Ons leven is een uiterlijk zichtbaar getuigenis van wat er in ons hart gebeurd
is. Als God ons hart heeft veranderd, moet dat blijken uit de manier waarop
we ons leven leiden. We zeggen dat God goed is. Hoe heeft dat invloed in onze
moeilijke dagen? We zeggen dat we dankbaar en vol ontzag zijn voor het feit dat
God al onze zonden heeft vergeven. Zijn we daardoor ook in staat anderen te
vergeven?

Gebed

Heer, de redding die U ons geeft, vergeeft ons niet alleen al onze zonden, maar
stelt ons in staat om rechtvaardig te leven. Help mij te onthouden hoe goed U
voor mij bent geweest, zodat ik goed kan zijn voor anderen. Help mij om het
geloof dat ik zeg te bezitten, ook uit te leven. Amen.

REFLECTIEVRAGEN

1. Hoe verdrijft perfecte liefde de angst?

2. Waarom zijn liefde en gehoorzaamheid zo nauw met elkaar verbonden als het gaat om onze levenswandel met God?

3. Hoe kunnen we bidden naar Gods wil? Hoort Hij ons als we niet in overeenstemming met Zijn wil bidden?

4. Hoe wil God door ons benaderd worden als we tot Hem bidden?

5. Geeft het God vreugde als we leven in waarheid en als we Zijn geboden gehoorzamen? Wat is daar anders aan dan aan het zelf verdienen van redding door je werken?

NOTITIES

NOTITIES

WEEK 4

Liefhebben houdt in dat we leven volgens Gods geboden. Volgens dit gebod, dat u vanaf het begin gehoord hebt, moet u leven.

2 JOHANNES 1:6

GEBED

SCHRIJF JE GEBED- EN DANKPUNTEN
OP VOOR ELKE DAG.

Gebedsfocus voor deze week:
Neem de tijd om te bidden voor je kerk.

MAANDAG

DINSDAG

WOENSDAG

DONDERDAG

VRIJDAG

UITDAGING

Ken je mensen die laten zien dat zij trouw zijn aan hun geloof? Wat doen zij voor de kerk?
Hoe kun jij hen deze week helpen? Doe deze week iets voor mensen die de handen en
voeten van Jezus zijn en die laten zien dat ze trouw zijn aan hun geloof.

MAANDAG
Bijbelgedeelte voor week 4

2 Johannes 1:5–8

5 En nu vraag ik u, vrouwe, niet alsof ik u een nieuw gebod schrijf, maar dat wat wij vanaf het begin gehad hebben: laten wij elkaar liefhebben. 6 En dit is de liefde, dat wij wandelen naar Zijn geboden. Dit is het gebod zoals u vanaf het begin gehoord hebt dat u daarin moet wandelen. 7 Want er zijn veel misleiders in de wereld gekomen, die niet belijden dat Jezus Christus in het vlees gekomen is. Dat is de misleider en de antichrist. 8 Let op uzelf, opdat wij niet verliezen waarvoor wij gewerkt hebben, maar een vol loon mogen ontvangen.

MAANDAG

LEES:
2 Johannes 1:5–8

SOAP:
2 Johannes 1:6

Scripture

SCHRIJF HET
BIJBELGEDEELTE
VOOR VANDAAG OP.

Observations

SCHRIJF 1 OF 2
OBSERVATIES UIT HET
BIJBELGEDEELTE OP.

Applications

SCHRIJF 1 OF 2
TOEPASSINGEN UIT HET
BIJBELGEDEELTE OP.

Pray

SCHRIJF EEN GEBED
OP OVER WAT JE
HEBT GELEERD UIT
HET BIJBELGEDEELTE.

MAANDAG
Overdenking voor week 4

SOAP: 2 Johannes 1:6

EN DIT IS DE LIEFDE, DAT WIJ WANDELEN NAAR ZIJN GEBODEN.
DIT IS HET GEBOD ZOALS U VANAF HET BEGIN GEHOORD HEBT
DAT U DAARIN MOET WANDELEN.

Overdenking

Door de hele Bijbel heen, te beginnen bij Leviticus en Deuteronomium, geeft
God Zijn volk de opdracht Hem en elkaar lief te hebben. Welke liefde is dat?
Johannes legt ons in zijn tweede brief uit dat deze liefde voor de Heer en elkaar
zich uit in het houden van Gods geboden. Wanneer wij doen wat de Bijbel ons
zegt, tonen wij liefde voor God. Als gevolg daarvan zullen wij ook rechtvaardig
zijn voor de mensen om ons heen.

Dit klinkt misschien makkelijk, maar het is verre van eenvoudig. Onze
koppigheid, onze trots, ons egoïsme en onze ontevredenheid staan ons in de weg.
Wij raken al snel overweldigd door onze zonden en geloven dan in de leugen
dat het onmogelijk is om Gods geboden te houden. Wanneer wij met Hem
wandelen, zal Hij ons uitrusten met alles wat we nodig hebben om Zijn wil te
doen. (Hebr. 13:21). De God die ons opdraagt lief te hebben is ook Degene die
ons zal helpen wanneer wij dat vragen.

Gebed

Heer, ik verlang ernaar U en anderen om mij heen lief te hebben, maar wanneer
het erop aan komt om Uw Woord te gehoorzamen, schiet ik tekort. Geef mij
bemoediging en help mij om vreugde te vinden in het doen wat goed is in Uw
ogen, zodat mijn woorden van liefde ook door mijn daden onderstreept worden.
Amen

DINSDAG

Bijbelgedeelte voor week 4

2 Johannes 1:9–13

9 Ieder die overtreedt en niet blijft in de leer van Christus, die heeft God niet; wie in de leer van Christus blijft, die heeft zowel de Vader als de Zoon. 10 Als iemand bij u komt en deze leer niet brengt, ontvang hem niet in huis en begroet hem niet. 11 Want wie hem begroet, die heeft deel aan zijn slechte werken. 12 Hoewel ik veel aan u te schrijven heb, wilde ik dat niet doen met papier en inkt; maar ik hoop naar u toe te komen en van mond tot mond met u te spreken, opdat onze blijdschap volkomen zal zijn. 13 U groeten de kinderen van uw zuster, de uitverkorene. Amen.

DINSDAG

LEES:
2 Johannes 1:9–13

SOAP:
2 Johannes 1:12

Scripture

SCHRIJF HET
BIJBELGEDEELTE
VOOR VANDAAG OP.

Observations

SCHRIJF 1 OF 2
OBSERVATIES UIT HET
BIJBELGEDEELTE OP.

Applications

SCHRIJF 1 OF 2
TOEPASSINGEN UIT HET
BIJBELGEDEELTE OP.

Pray

SCHRIJF EEN GEBED
OP OVER WAT JE
HEBT GELEERD UIT
HET BIJBELGEDEELTE.

DINSDAG
Overdenking voor week 4

SOAP: *2 Johannes 1:12*

HOEWEL IK VEEL AAN U TE SCHRIJVEN HEB, WILDE IK DAT NIET
DOEN MET PAPIER EN INKT; MAAR IK HOOP NAAR U TOE TE KOMEN
EN VAN MOND TOT MOND MET U TE SPREKEN, OPDAT ONZE
BLIJDSCHAP VOLKOMEN ZAL ZIJN.

Overdenking

In deze brief heeft Johannes niet opgetekend waar zijn lezers woonden of hoe
lang hij erover zou doen om bij hen te komen. Hij geeft echter wel uiting aan
zijn verlangen om hen te bezoeken. Tot die tijd schreef hij hen deze brief, omdat
hij zo vervuld was van de boodschap die hij moest brengen. De boodschap
van deze tweede brief was zo belangrijk dat hij niet kon wachten tot hij hen
persoonlijk zou zien.

Wanneer wij zien hoe mensen die wij liefhebben met de Heer leven, vult dat ons
hart met echte vreugde en enthousiasme. Johannes voelde dit ook en wilde graag
dat zijn broeders en zusters in waarheid en liefde met elkaar zouden leven. Toen
hij dit ook daadwerkelijk zag gebeuren raakte hij vervuld van blijdschap.

Hoe zou Johannes reageren wanneer hij bij ons thuis of in onze gemeente zou
komen? Zou hij zien dat wij leven in de waarheid die we in de Bijbel vinden en
dat wij onze medechristenen liefhebben met een onzelfzuchtige liefde? Zou hij
kunnen zeggen dat zijn blijdschap volkomen was?

Gebed

Heer, laat ons niet slechts over Uw Woord spreken, maar help ons om ook te
doen wat wij lezen. Laat onze liefde voor U en voor anderen als een helder licht
in ons leven zijn. Amen.

WOENSDAG
Bijbelgedeelte voor week 4

3 Johannes 1:1–4

1 De ouderling aan de geliefde Gajus, die ik in waarheid liefheb. 2 Geliefde, ik wens dat het u in alles goed gaat en dat u gezond bent, zoals het uw ziel goed gaat. 3 Want ik was zeer verblijd, toen er broeders kwamen die van uw waarheid getuigden, hoe u in de waarheid wandelt. 4 Ik heb geen grotere blijdschap dan hierover dat ik hoor dat mijn kinderen in de waarheid wandelen.

WOENSDAG

LEES:
3 Johannes 1:1–4

SOAP:
3 Johannes 1:4

Scripture

SCHRIJF HET
BIJBELGEDEELTE
VOOR VANDAAG OP.

Observations

SCHRIJF 1 OF 2
OBSERVATIES UIT HET
BIJBELGEDEELTE OP.

Applications

SCHRIJF 1 OF 2
TOEPASSINGEN UIT HET
BIJBELGEDEELTE OP.

Pray

SCHRIJF EEN GEBED
OP OVER WAT JE
HEBT GELEERD UIT
HET BIJBELGEDEELTE.

WOENSDAG
Overdenking voor week 4

SOAP: 3 Johannes 1:4

IK HEB GEEN GROTERE BLIJDSCHAP DAN HIEROVER DAT IK HOOR
DAT MIJN KINDEREN IN DE WAARHEID WANDELEN.

Overdenking

Het is niet de eerste keer dat Johannes spreekt over zijn blijdschap bij het horen
dat Gods kinderen in de waarheid wandelen. In zijn tweede brief schrijft hij hier
eveneens over.

Het is niet genoeg om alleen maar te zeggen dat we christenen zijn, of alleen
te zeggen dat we geloven. Jacobus zegt ons in zijn brief dat zelfs de demonen
geloven, maar zij worden niet behouden (Jacobus 2:19). Een waarlijk bekeerd
hart wordt zichtbaar in de manier waarop wij leven, hoe wij met en over anderen
spreken, hoe wij omgaan met moeite en teleurstelling, hoe wij opkomen voor de
waarheid en in de prioriteiten die wij stellen.

Wandelen in waarheid is meer dan het met de Bijbel eens zijn; het is Gods
Woord en Zijn wegen liefhebben, zelfs wanneer die waarheid niet populair is bij
de mensen om ons heen. Met Gods hulp kunnen we standvastig blijven en naar
Zijn geboden leven.

Gebed

Heer, ik ben zo dankbaar dat U mij niet aan mijn lot overlaat, maar dat U mij
alles geeft wat ik nodig heb voor een godsvruchtig leven. Herinner mij eraan dat
ik U dagelijks aanroep, zodat ik U met mijn leven kan eren. Amen.

DONDERDAG

Bijbelgedeelte voor week 4

3 Johannes 1:5-8

5 Geliefde, u handelt trouw in alles wat u doet voor de broeders en voor de vreemdelingen, 6 die getuigd hebben van uw liefde, in aanwezigheid van de gemeente. U zult er goed aan doen wanneer u hen verder op weg helpt op een voor God waardige manier. 7 Want zij zijn voor Zijn Naam uit gegaan, zonder iets aan te nemen van de heidenen. 8 Wij moeten dan zulke mensen ontvangen, opdat wij medearbeiders van de waarheid mogen worden.

DONDERDAG

LEES:
3 Johannes 1:5-8

SOAP:
3 Johannes 1:8

Scripture

SCHRIJF HET
BIJBELGEDEELTE
VOOR VANDAAG OP.

Observations

SCHRIJF 1 OF 2
OBSERVATIES UIT HET
BIJBELGEDEELTE OP.

Applications

SCHRIJF 1 OF 2
TOEPASSINGEN UIT HET
BIJBELGEDEELTE OP.

Pray

SCHRIJF EEN GEBED
OP OVER WAT JE
HEBT GELEERD UIT
HET BIJBELGEDEELTE.

DONDERDAG
Overdenking voor week 4

SOAP: 3 Johannes 1:8

WIJ MOETEN DAN ZULKE MENSEN ONTVANGEN, OPDAT WIJ
MEDEARBEIDERS VAN DE WAARHEID MOGEN WORDEN.

Overdenking

Iedereen wordt geroepen om het evangelie aan anderen te verkondigen.
Sommigen zijn geroepen om dit fulltime te doen en dit betekent vaak dat zij hun
vrienden en familie achter moeten laten en naar plaatsen moeten gaan waar ze
liever niet heen zouden gaan, om het Goede Nieuws van het leven, de dood en de
opstanding van Jezus te verkondigen.

Als je niet geroepen bent om naar een ander land te gaan of fulltime te
evangeliseren, kan je nog steeds bijdragen aan de verspreiding van Gods Woord,
door degenen die gaan te ondersteunen. Alle christenen zouden samen moeten
werken om Gods koninkrijk op te bouwen. Sommigen kunnen aanhoudend
bidden, anderen kunnen financieel bijdragen en weer anderen kunnen onderdak
bieden of spullen geven aan hen die omwille van de Heer deze dingen hebben
opgeofferd.

Gebed

Heer, toon ieder van ons welke rol er voor ons is weggelegd in de verspreiding
van het Goede Nieuws van Uw vergeving door Jezus. Help mij te vertrouwen
dat U voor mij zorgt, wanneer ik voor anderen zorg. Open mijn ogen om te zien
waar U mij roept om te dienen en Uw gemeente te ondersteunen. Amen.

VRIJDAG
Bijbelgedeelte voor week 4

3 Johannes 1:9–15

9 Ik heb aan de gemeente geschreven; maar Diotrefes, die steeds onder hen de eerste wil zijn, erkent ons niet. 10 Daarom zal ik, als ik kom, de werken die hij doet, in herinnering brengen. Hij belastert ons met kwaadaardige praatjes; en hiermee nog niet tevreden, erkent hijzelf de broeders niet en verhindert het hun die het wel willen doen en stoot hen uit de gemeente. 11 Geliefde, volg niet het kwade na maar het goede. Wie goeddoet, is uit God; maar wie kwaad doet, heeft God niet gezien. 12 Van Demetrius is een goed getuigenis gegeven door allen en door de waarheid zelf; en ook wij geven een goed getuigenis van hem, en u weet dat ons getuigenis waar is. 13 Veel had ik te schrijven, maar ik wil u niet schrijven met inkt en pen. 14 Ik hoop u namelijk spoedig te zien, en dan zullen wij van mond tot mond spreken. 15 Vrede zij u. De vrienden groeten u. Groet de vrienden ieder bij naam.

VRIJDAG

LEES:
3 Johannes 1:9–15

SOAP:
3 Johannes 1:11

Scripture

SCHRIJF HET
BIJBELGEDEELTE
VOOR VANDAAG OP.

Observations

SCHRIJF 1 OF 2
OBSERVATIES UIT HET
BIJBELGEDEELTE OP.

Applications

SCHRIJF 1 OF 2
TOEPASSINGEN UIT HET
BIJBELGEDEELTE OP.

Pray

SCHRIJF EEN GEBED
OP OVER WAT JE
HEBT GELEERD UIT
HET BIJBELGEDEELTE.

VRIJDAG
Overdenking voor week 4

SOAP: *3 Johannes 1:11*

GELIEFDE, VOLG NIET HET KWADE NA MAAR HET GOEDE. WIE GOEDDOET, IS UIT GOD; MAAR WIE KWAAD DOET, HEEFT GOD NIET GEZIEN.

Overdenking

Johannes' waarschuwing is vrij eenduidig: volg niet de mensen die kwaad doen, maar doe wat goed is en volg hen die het goede en de waarheid liefhebben. In Psalm 1 vinden we dezelfde opdracht. We krijgen allemaal te maken met de verleiding om het kwade te doen. De ene keer falen we en maken we verkeerde keuzes en de andere keer blijven we sterk en doen we wat goed is. De strijd tussen goed en kwaad is hevig, zelfs in ons hart.

Johannes legt het nog wat beter uit door aan te geven dat wie goeddoet uit God is, maar wie kwaad doet niet. Hij neemt hier geen blad voor de mond. Het is niet zo dat wij geen christen zijn als we een keer iets fout doen, maar constant het kwade najagen is geen teken van een bekeerd hart. Het bekeerde hart zoekt wat goed is, omdat het weet dat dit behaaglijk is voor God.

Gebed

Heer, ik geef toe dat het soms moeilijk is om het goede te doen, zeker wanneer anderen het niet zo belangrijk vinden. Help mij Uw wegen dusdanig lief te hebben, dat ik graag het goede wil doen. Ik prijs en dank U dat U mij telkens vergeeft wanneer ik struikel. Uw genade is ontzagwekkend groot. Amen.

REFLECTIEVRAGEN

1. Hoe komt het dat je door je aan Gods geboden te houden liefde laat zien?

2. Hoe kunnen we leven uit liefde en tegelijkertijd Gods geboden opvolgen?

3. Wat betekent het om trouw te handelen in alles wat je doet? Hoe kun je dat vandaag doen?

4. Hoe volgen we het goede na?

5. Wat kunnen we doen om zeker te weten dat ons leven beschermd wordt tegen kwade invloeden, zodat we alleen doen wat goed is?

NOTITIES

NOTITIES

DIT IS WAAR
volgens Gods Woord

God houdt van je.

Zelfs als jij je niet waardig voelt en als de wereld tegen je is, houdt God van jou. Ja, van jou. Hij heeft je gemaakt met een doel.

Gods Woord zegt: 'Want zo lief heeft God de wereld gehad, dat Hij Zijn eniggeboren Zoon gegeven heeft, opdat ieder die in Hem gelooft, niet verloren gaat, maar eeuwig leven heeft.' (Joh. 3:16)

Door onze zonden kwamen we ver van God af te staan.

We zijn van nature en door onze keuzes allemaal zondaars. Daardoor zijn we ver van God, Die heilig is, af komen te staan.

Gods Woord zegt: 'Want allen hebben gezondigd en missen de heerlijkheid van God.' (Romeinen 3:23)

Jezus is gestorven zodat wij mogen leven.

Het gevolg van de zonden is de dood, maar daar houdt het niet op! God geeft ons genade en die genade is er voor ons doordat Jezus de straf voor onze zonden droeg toen Hij stierf aan het kruis.

Gods Woord zegt:

'Want het loon van de zonde is de dood, maar de genadegave van God is eeuwig leven, door Jezus Christus, onze Heere.' (Romeinen 6:23) 'God echter bevestigt Zijn liefde voor ons daarin dat Christus voor ons gestorven is toen wij nog zondaars waren.' (Romeinen 5:8)

Jezus leeft!

De dood kon Hem niet gevangen houden. Drie dagen nadat Zijn lichaam in de graftombe was gelegd, stond Jezus weer op. Hij versloeg de dood eens en voor altijd! Nu woont Hij in de hemel en hij maakt een eeuwige plek klaar voor ieder die in Hem gelooft.

Gods Woord zegt: 'In het huis van Mijn Vader zijn veel woningen; als dat niet zo was, zou Ik het u gezegd hebben. Ik ga heen om een plaats voor u gereed te maken. En als Ik heengegaan ben en plaats voor u gereedgemaakt heb, kom Ik terug en zal u tot Mij nemen, opdat ook u zult zijn waar Ik ben. (Johannes 14:2-3)

Ja. Je kunt WETEN dat je bent vergeven.

Accepteer Jezus als je enige weg naar verlossing.

Als je Jezus als je Verlosser aanneemt, gaat het niet om wat jij kunt doen, maar om jouw geloof in wat Jezus al heeft gedaan. Het is daarom nodig dat je erkent dat je een zondaar bent, dat je gelooft dat Jezus is gestorven voor je zonde en dat je vergeving vraagt door je vertrouwen volledig te stellen in Jezus' werk dat Hij aan het kruis voor ons deed.

Gods Woord zegt: 'Als u met uw mond de Heere Jezus belijdt en met uw hart gelooft dat God Hem uit de doden heeft opgewekt, zult u zalig worden. Want met het hart gelooft men tot gerechtigheid en met de mond belijdt men tot zaligheid.' (Romeinen 10:9-10)

Hoe werkt dat in de praktijk?

Je kunt met een oprecht hart een eenvoudig gebed zoals dit bidden:

> God,
> Ik weet dat ik een zondaar ben. Ik wil geen dag meer leven zonder Uw liefde en vergeving te aanvaarden. Ik vraag U om Uw vergeving. Ik geloof dat U voor mijn zonde stierf aan het kruis en dat U bent opgestaan uit de dood. Ik geef alles wat ik ben aan U en ik vraag U om de Heer van mijn leven te zijn. Help me om mijn zonde achter me te laten en U te volgen. Leer me wat het betekent om in vrijheid te leven nu ik onder Uw genade leef, en help me om te groeien in het gaan van Uw weg, nu ik U meer en meer zoek. Amen.

Als je dit gebed net hebt gebeden (of iets soortgelijks in je eigen woorden), zou je ons dan een mail willen sturen? Dat kan aan info@lovegodgreatly.com of lovegodgreatlynederlands@gmail.com.

We willen je graag helpen nu je bent begonnen aan deze geweldige levensreis als kind van God.

WELKOM
VRIENDIN,

Love God Greatly (LGG) is in het leven geroepen om vrouwen over de hele wereld te inspireren, bemoedigen en toe te rusten om Gods Woord prioriteit te geven in hun leven.

INSPIREREN
van vrouwen om Gods Woord prioriteit te geven in hun dagelijks leven door onze Bijbelstudiematerialen.

BEMOEDIGEN
van vrouwen in hun dagelijkse wandel met God door online gemeenschap en persoonlijke verantwoordelijkheid.

TOERUSTEN
van vrouwen om te groeien in hun geloof, zodat ze in staat zijn anderen te helpen Christus te leren kennen.

Love God Greatly bestaat uit een prachtige gemeenschap van vrouwen. We gebruiken een verscheidenheid aan technologische platformen om elkaar aan te moedigen om te groeien in Gods Woord.

We beginnen met een eenvoudig Bijbelleesplan, maar dat is niet alles. Sommige vrouwen komen samen in huizen en lokale kerken, terwijl andere online verbinding maken met vrouwen van over de hele wereld. Op welke manier dan ook, samen slaan we liefdevol de handen ineen en verenigen we ons met dit doel: God groots liefhebben met onze levens.

Bij *Love God Greatly* vind je gewone vrouwen. Vrouwen die niet perfect zijn, maar wel vergeven. Vrouwen die niets zichzelf, maar alles van Jezus verwachten. Vrouwen die ernaar verlangen God te kennen door Zijn Woord, wetend dat de Waarheid ons verandert en vrijmaakt. Vrouwen die samen zijn, vervuld met Gods Woord, in nabijheid en ontmoeting met elkaar.

Love God Greatly is een non-profit organisatie. De financiering voor *Love God Greatly* komt van donaties en van opbrengsten van onze online Bijbelstudiegidsen en boeken. *Love God Greatly* is toegewijd aan het leveren van kwalitatieve Bijbelstudiematerialen. We zijn van mening dat financiën nooit een obstakel mogen zijn voor deelname aan een van onze studies. Voor hen die het zich niet kunnen veroorloven zijn alle (vertaalde) studiegidsen beschikbaar om gratis te downloaden van LoveGodGreatly.com. Onze studiegidsen en boeken zijn ook beschikbaar op Amazon. Zoek op "Love God Greatly" om alle studiegidsen en boeken te vinden. Alle inkomsten gaan naar *Love God Greatly* en helpen ons vrouwen over de hele wereld te inspireren en toe te rusten met Gods Woord.

DANK JE WEL

dat je betrokken bent bij onze bediening!

WAT WE AANBIEDEN:

Vertalingen in meer dan 18 talen | Bijbelleesplannen | Online Bijbelstudie
Love God Greatly App | In 80 + landen actief | overdenkingen in YouVersion
Bijbelstudiegidsen & boeken | Groepen en kringen

IEDERE LGG STUDIE BEVAT:

Drie passende reflecterende blogberichten | Bijbelteksten om te leren
Wekelijkse uitdaging | Wekelijks leesplan | Reflectievragen en meer!

ANDERE LGG STUDIES ZIJN:

De zaligsprekingen | Esther | Woorden van waarde | Leven vanuit overwinning
Recht doen, trouw betrachten en nederig de weg gaan van je God
Trouwe liefde | Houd moed | Verlosser | Beloftes van God
Liefde voor de liefdelozen | Waarheid overwint | 1 & 2 Thessalonicenzen
Angst & bezorgdheid | Jakobus | Zijn Naam is... | Filippenzen
1 & 2 Thimotheüs | Volledig toegewijd | Ruth | Gebroken en verlost
Wandel in wijsheid | God met ons | Je bent vergeven | David
Prediker | Groeien door gebed | Namen van God | Galaten
Psalm 119 | 1 & 2 Petrus | Gemaakt voor gemeenschap
De weg naar kerstmis | De bron van dankbaarheid | Je bent geliefd

Je kunt ons online vinden op
LOVEGODGREATLY.COM
en
LOVEGODGREATLY.NL

Lightning Source UK Ltd.
Milton Keynes UK
UKHW020656270820
368917UK00015B/401